思いのままに人を操《あやつ》る ブラック心理術

Black Psychology

心理学者 内藤誼人

方丈社

まえがき

「心理学を使えば、人間関係はうまくいくんでしょうか？」

「はい、ちょっとしたコツを覚えれば、すぐにでも！」

「心理学の知識があれば、モノは売れるようになりますか？」

「もちろん、バンバン売れるようになるでしょうね」

「年齢イコール彼女いない歴なんですけど、恋人はできますか？」

「ええ、何の心配もいりませんよ、私にまかせておいてください」

「心理学を使うと、上司との関係、部下との関係もよくなるんですか？」

「そんなの簡単な話ですよ、いくつかのテクニックをお教えしますね」

「心理学って、何かに利用できる学問なのでしょうか？」

「『何かに』どころか、『何にでも』利用できますよ」

私は心理学者なので、このような質問をよくされる。それに対して私が正直に回答をしようとすると、たいていの人は「うさんくさい」とか「詐欺師っぽい」と最初は感じるようである。しかし、私がデータや根拠をしっかりと述べながら説明すると、最後には大きくうなずいて納得してくれる。

たしかに、世の中には〝うさんくさい心理学者〟もたくさんいるので、そういう人の書いた心理学の本などしか読んだことのない人は、「心理学なんて使えない」とか、「心理学なんてインチキ」、「心理学なんて薄っぺらな学問」という感想を持ってしまうかもしれない。

けれども、本書をお読みいただければ、〝心理学という学問の凄さ〟を十分に得心していただけることを保証しよう。これまで〝うさんくさい心理学〟の本しか読んでいなかった人は、「こんなに使える学問があったのか！」という衝撃を受けるかもしれない。

本書で取り上げる理論、法則、ルール、テクニックは、すべて科学的な実験や調査によって検証されたものばかり。

もちろん、アカデミックな専門書ではないので、できるだけ平易に、わかりやすくご説明していくつもりであるが、とにかく「根拠のある話」しか私はしない。つまり、科学的にいって、信ぴょう性もなく、本当に効果があるのかどうかがわからないような話は、一切しないつもりなので、どうかご安心してお読みいただきたい。

本書の後ろをパラパラとめくっていただければ、すぐにわかる。本書を執筆するにあたって、私が調べた論文のリストを「参考文献」としてご紹介してある。たいていの〝うさんくさい心理学〟の本に、これはない。なぜなら、そういう本の著者は、根拠のないデタラメや、自分勝手な思い込みを述べているだけで、科学的な論文などには目を通していないからだ。あるいは、いまだに40年も50年も前の、「時代遅れの心理学」を紹介しているので、恥ずかしくて出典を載せられないのであろう。

これまで、心理学の本を何冊か読んでみて、失望させられてきた人にこそ、本書をお読みいただきたいと思う。「ああ、これが心理学なのか！」と膝を叩き、目からウロコが落ちる思いをしていただければ、筆者としては望外の幸せである。どうか最後までよろしくお付き合いいただきたい。

思いのままに人を操るブラック心理術　目次

2章 望み通りの自分を手に入れる心理術

3章 人間関係が面白いほどうまくいく心理術

応用編

4章 いらないモノさえ、買わせてしまう心理術

5章 職場の人間関係をソツなくこなす心理術

6章 恋愛のイニシアティブを引き寄せる心理術

Black
Psychology

基礎編

基礎編

1章

人を暗示にかけ、思い通りに動かす心理術

暗示をかけるのは、意外にやさしいという事実

「暗示」と「催眠」は、似たようなところがあるので、よく勘違いされるが、両者はまったくの別物である。たしかに「暗示をかける」というし、「催眠にかける」ともいうので、似たような使われ方をしている。けれども、両者はまったく違う。

テレビに出てくる催眠術師を見ると、思い通りの催眠をかけて身体を動かなくさせたり、洋服を脱いで裸にさせてしまったりするわけだが、私は催眠のやり方についてはよく知らないので、残念ながらそういうテクニックはご紹介できない。ひょっとすると暗示によっても、そういうことは可能なのかもしれないが。

本章で紹介するのは、ちょっぴり人の記憶を操作したり、イヤだなと思っている作業をやらせたりするくらいのレベルである。催眠術師に比べれば、ずいぶんと程度の低いことしかできないとは思うのだが、なにとぞご容赦いただきたい。ただ、それだけでもずいぶん役に立つと思う。

さて、人に暗示にかけるのは、実はそんなに難しくはない。

やや断定口調で、「○○だ」と話せば、それで終了である。

だいたい私たちの意見、思想、判断というものは、そんなに確固とした基盤に基づいた

ものでもなく、たいていのそれはフワフワしている。

そのため、相手に、「○○でしょ！」と断定されると、「ああ、なるほど、自分はそう考えていたのか」と妙に納得してしまったりするのだ。

たとえば、小さな子どもに対して、「○○ちゃんは、ステーキより、すき焼きのほうが好きなんだよね」と親が何度もいっていると、子どもは簡単に暗示にかかって、素直にそうだと信じ込む。

もともとすき焼きがそれほど嫌いではないが、大好きというほどではなかったにしても、親に「お前はすき焼きが好きだ！」と断定されると、「そんなものか」と思ってしまうのである。

友達から、「お前って、ホントに胸の大きな子が好きだよな」といわれると、友達は暗示にかけるつもりなどなくとも、いわれたほうは勝手に暗示にかかる。「なるほど、自分はおっぱいが好きな男なのか」と。

上司が部下に、「お前は、手先が器用だな。そういうヤツは何をやらせてもうまいんだ」といわれたら、部下は、「へえ、そういうものか」と納得するであろう。上司の暗示にかかってしまうのである。

アリゾナ大学のC・J・ブレイナードによると、私たちの記憶でさえ、暗示を使えばたやすく変えられるのだそうである。

たとえば、60の単語を十分に記憶させてから、記憶のテストをする。ただし、実験者が勝手に単語のリストの一部をすり替えて、「これは、さっきのリストにあったよね？」と誤った記憶を埋め込むようにするのである。

ところが参加者たちはみなその誤った単語のほうも「あった」と思い込むようになり、しかも1週間後に、もう一度記憶のテストをすると、本物のリストにあった単語より、誤った単語のほうをよく記憶することが明らかにされたというのだ。

私たちの記憶など、コンピュータとは違っていいかげんなものだから、相手に「そうだった」と断言されると、簡単にゆがむのである。

たとえそんな約束などしていなくとも、暗示を使えば、「キミがその仕事をやるっていう約束だったろ?」とか、「お前が幹事を引き受けるんだろ?」ということを相手に押しつけることもできるわけである。

人を暗示にかけるのは、実は、そんなに難しくもないのだ。

同じセリフを3回くり返すというベタなテクニックが効く

人に暗示をかけるときには、強めの断定口調で話せばうまくいく。ようするに、決めつけたセリフをいえばいいのである。

しかし、どんなに断定するとはいっても、1回だけではやはりうまくいかないかもしれない。

暗示にかけるときには、回数も重要であって、少なくとも3回は同じセリフをくり返すとよい。これを〝3回ルール〟という。

「あなたは僕みたいな男と結婚すれば、幸せになれるよ」と1回くらいいってみても、彼女は暗示にかかってくれないかもしれないが、「僕となら幸せになれる」「キミには僕みたいな男がふさわしい」と3回くらい暗示をかければ、「そうなのかもしれない」と彼女も思い込んでくれるようになるであろう。

1回だけ聞かされるのでは疑わしいことでも、人間は3回も同じようなことを聞くと、「ひょっとして、そうなのかもしれない……」と思い込むようになる。だから3回の暗示が必要になるわけだ。

ケント州立大学のマリア・ザラゴザは、5分間の強盗場面のビデオを見せてから、実際にはビデオになかった内容の暗示をかけた。たとえば、犯人は指輪など盗んでいなかったのだが、「犯人は指輪を盗んだのですが、その色は何でしたか？」といった質問をしながら暗示をかけたのである。

さらにザラゴザは、暗示をかける回数を1回だけにするか、3回にするかを実験的に操作した。

それから1週間後に記憶の実験をすると、3回も暗示をかけられたグループでは、6倍以上も記憶が強くゆがむことが明らかにされたのである。1回でも暗示は効果的だったとはいえ、やや効果が弱かった。

「キミのように指の長い人は、ピアノを練習すればものすごく上達する」という暗示を子どもにかけるとき、1回だけでは信じてくれないかもしれないが、3回も同じことをいってあげれば、喜んでピアノの練習をするようになるだろう。

中国の古いお話に、次のような話がある。

「あなたの息子さんは、どこかで悪いことをしたそうですよ」と母親に伝えてくれた人がいて、息子を信用している母親は、最初は笑って取り合わなかった。「うちの息子に限って、そんなことはしない」というのである。ところが2番目に同じことをいってくれた人がいたときには、「ひょっとして……」と思うようになり、3番目に同じことを聞いたときには、あわてて逃げ出したというのである。

人は、たとえどんなウソでも、3回も同じようなことを聞かされると、それを信じないわけにはいかなくなるのだ。

荒唐無稽だということは頭ではわかっていても、3回も暗示にかけられると、それに逆らうことはできない。「あなたはノーベル賞がとれる!」と3回もいわれたら、絶対にそんなことはありえないと思いつつも、心のどこかで、それが可能であるかのように信じ始めてしまうのである。

暗示は、相手が浮かれているときを狙う

私たちは、気分が浮かれているときには、冷静に物事を考えられなくなる。嬉しい状態のときには、なるべく頭を使いたくないと思うためだ。そのため、合理的で、正常な判断ができなくなる。

昇進が決まってウキウキしているときには、好きな洋服を買ったり、思わぬ散財をして

しまうことも少なくない。普段ならそんなことをしない人でも、浮かれているときは別なのだ。

冷静な判断がしにくくなっているという点でいうと、浮かれた状態のときのほうが、暗示にかけやすくもなるのであろうか。

答えはイエス。

何か喜ばしいイベントがあって、浮かれている人は暗示にもかけやすい。どうせ暗示にかけるのなら、そういう状態のときを狙ったほうが都合がよいであろう。

恋人ができたとか、結婚が決まったとか、初めて子どもが生まれたとか、孫が生まれたとか、息子が受験に成功したとか、新車を購入したばかりであるとか、そういう状態の相手なら、たやすくみなさんの暗示にかかってくれる。

「○○さん、そのうちに飲みに連れて行ってくれる約束でしたよね？　それって、今日とかでも大丈夫ですか？」と切り出してみると、そんな約束をしていなくとも、たぶん奢ってくれるであろう。「いや、そんな約束はしていない」と冷静に答えられる人は、そんなにいないものである。

オーストラリアにあるニューサウス・ウェールズ大学のジョセフ・フォーガスは、「何でもいいから幸せなことを1分間考えてください」といわれた人は、1分間悲しいことを考えさせられた人よりも、その後の暗示にかかりやすくなることを確認している。私たちは、ウキウキしているときには暗示に弱くなるのだ。

そんなに都合よく、相手の気分が浮かれているタイミングになるわけがないというのであれば、〝意図的に〟相手の気分をよくしてあげればよい。

たとえば、お世辞。

たっぷりホメてあげれば、だれでも気分がよくなるから、その後で暗示にかければよい。

あるいは、おいしい食べ物や飲み物。

飲み食いをしていると、人はだれでも幸せな気持ちになれるから、そういう状態にしてから、暗示をかけるようにすればよいのである。

他にも、肩をもんであげたり、良い香りのする場所に相手を連れて行ったりしても、気分はよくなる。さらに天気でいうと、雨の日や、曇りの日よりも、晴れた日のほうが人の心は浮かれやすくなるものだから、雨の日ではなく、よく晴れた日に暗示をかけるようにすればよい。そうすれば、暗示の成功確率はもっと高くなるであろう。

何気ない言葉で誘導し、気づかれずに人を動かす

みんなでバスに乗るとき、だれかが「なんだか今日は、バスに乗ると、乗り物酔いをしそうだなあ。山道を走るみたいだし、ホントに酔いそうだなあ」と語っているのを耳にしたとしよう。

すると、普段は絶対に乗り物酔いをしない人でも、なんとなく気分が悪くなってくるはずだ。乗車する直前の、他の人の言葉に、影響されてしまうからである。

このような暗示は、特に「誘導」といわれている。

直接的に相手に影響を与えるのではなく、間接的な暗示のかけ方だ。

米国ヴァージニア州にあるマーシャル大学のマーク・リンドバーグという心理学者は、多くの大学生に集まってもらい、廃墟になった映画館の中で、実験をすることにした。

ただし、参加者の中には、サクラも入っていて、サクラは映画館に入る前に、「なんだか気分が悪くなりそうな場所だなあ」とつぶやくのである。

それから映画館の中に入るのであるが、直前にサクラのつぶやきを聞かされたグループでは、ヘンなことをいわなかったときより、22％も気分が悪くなる人が増加したという。サクラの意見に誘導されてしまったのだ。

私たちは、他の人の考えに誘導されてしまうことが少なくない。

たとえば、他の人と一緒に出張に出かけるとき、「なんだか今日は、疲れそうだなあ」と連れが語っているのを聞かされると、自分の体調は、本当は良いにもかかわらず、なんとなく疲れを感じやすくなってしまうのだ。

たいていの誘導は、自分でも意図していないうちに行われることが多いのであるが、これを意図的にやればよい。

運動会やら、忘年会やら、旅行やら、つまらない社内イベントに参加するとき、みんなに楽しんでもらいたいのなら、「なんだかドキドキしちゃうなあ」とか、「けっこう僕は楽しみだなあ」といったことをつぶやいて、周囲の人たちに聞かせておけばよい。

みなさんがつぶやいていれば、そんなに期待もしていなかった人たちも、「なんだ、けっこう面白いな」と感じてくれるであろう。

イベントに参加している最中にも、「楽しい！　楽しい！」と連発していれば、周囲の人たちもみなさんの影響を受け、誘導される。

ディズニーリゾートでは、パーク内を歩いていると、そこかしこから「うわあ〜、面白かったね〜」「楽しいね〜」という他のゲストの声を耳にする。私たちは、そういう他のゲストの声によって誘導され、自分もウキウキさせられていく。

誘導は、もちろん一人でも実行できるのであるが、できれば何人かに手伝ってもらったほうが効果的だ。

会議のときにも、あらかじめ仕込んでおいた他のメンバーに、「けっこう面白いアイデアだね」とか「僕は好きだな、こういう企画」といったことを独り言のようにつぶやいてもらうようにすれば、周囲の参加者たちもそれに誘導され、みなさんの提案を取り上げてくれるのではないかと思われる。

どうにでもとれる表現をすることで選択肢を広げる

読者のみなさんの性格について、ひとつご質問をしたい。

みなさんは、人前では明るく振る舞っていても、一人になると少し寂しい気持ちになったりすることはないだろうか。

このように質問すると、たいていの人は、「あっ、そうです！　そうです！　アタリです！」と思うのではないかと思う。なぜなら、私の質問は、「どうにでもとれる表現」をしているからである。

「明るく振る舞う」といっても、どの程度の明るさなのかを私はいっていない。大騒ぎする人もいるであろうし、少しだけ明るく振る舞う人もいるであろう。しかし、どちらにしても「明るく振る舞う」で当たってしまうのである。それに、一人でいるときにまで明るい気持ちの人はいない。一人きりでいたら、たまには寂しい気持ちになることだってあるだろう。

つまり、私の質問は、どんな人にでも当てはまるようないい方をしているのである。

このように、だれにでも当てはまってしまうような表現は、「バーナム効果」と呼ばれている。ロンドン大学のエイドリアン・ハーンハムによると、血液型占いや星占いの類はすべて、バーナム効果にすぎないと述べている。

もともと人間の心とか性格というものは、客観的に判断できるようなものではない。目に見える形としては存在しないので、どんなに適当なことをいっても、それなりに当たってしまうのである。

占い師は、そういう人間の心理を利用して、「自分の占いが当たった」ことにしてしまうのだ。

人に暗示をかけるときには、〝どうにでもとれる表現〟をするのが好ましい。なぜなら、相手が勝手にいろいろと考えてくれるからである。

部下に向かって、「あなたは2か月以内に、100件の契約をとれるだろう」などとあまりに具体的にいってしまうと、おそらくはみなさんの暗示もハズれてしまう。すると、それ以降は、何をいっても疑われるようになってしまうであろう。

部下に勇気づけの言葉をかけるときには、「キミは頑張り屋だから、近いうちに、お客からの契約もバンバンとれるようになるよ」というくらいの暗示がよいであろう。

「近いうちに」という表現は、いついつまでとは期間を区切っていないし、「バンバン契約がとれる」というのも、具体的に何件の契約がとれるのかをいっていない。

かりに部下が、半年で10件の契約しかとれなくとも、「やっぱり先輩のいうとおりだった！」と勝手に誤解してくれるだろうし、感謝もしてくれる。そして、みなさんのいうことをこれからも信用してくれるようになる。

人を丸め込むようなやり方なので気が引けるかもしれないが、人にアドバイスや助言をするような場合には、あまり具体的に語るのではなく、どうにでもとれる表現を交えたほうがうまくいくのである。

「言葉ではなく、背中で語る」という暗黙のコミュニケーション

職人さんは、弟子に懇切丁寧に仕事を教えたりはしないという。口では何も教えなくとも、お弟子さんは師匠の背中を見て、勝手に学んでいく。

暗示というのは、口頭でしかできないのかというとそんなことはない。自分で範を示すことによって、つまり、行動によっても人に暗示をかけることは可能である。

たとえば、みなさん自身が率先して残業をしている姿勢を見せるのであれば、部下も勝手に残業をしてくれるようなる。残業してほしいなどとお願いしなくとも、「仕事を放り出したまま、帰ってはいけない」ということを、ちゃんと学んでくれる。

子どもに勉強をさせたいのなら、まず親である自分自身が、机に向かって本を読んだり、調べ物をしている姿勢を見せてあげればよい。そうすれば、子どもも親の真似をして、勝手に勉強するようになる。

自分はテレビの前で横になっているのに、子どもに向かって「勉強しろ！」といっても、何の説得力もない。子どもも横になって携帯用ゲームに夢中になるであろう。

口下手な人は、別に自分の口で暗示をかけなくてもいいのだ。

ただ、相手に動いてもらいたいように、自分が率先して動いていればいいのである。

自分が真剣に仕事に取り組んで見せていれば、部下や社員に向かって、「もっと本気になりなさい」などと説教する必要もなくなるのである。

心理学では、ただ他人のことを観察しているだけで、自分の行動が変わってくることが知られている。これを「モデリング」という。「モデル」（見本）となる人物を観察させられていると、私たちはそのモデルを無意識のうちに真似しようとするのだ。

カリフォルニア州立大学のスティーブン・グレイは、プロのバドミントン選手がプレイしている場面を20分間、ビデオで観察させた。別の比較のためのグループには、そのビデオを見せなかった。

それから、フォアハンドとバックハンドの打ち方を調べると、なぜかプロ選手の動きを観察していたグループのほうが、うまくなっていたのである。実際の練習をさせたわけではない。ただ観察しただけである。それでも、私たちは無意識にプロを真似していたのだ。

社員が職場にゴミを投げ散らかして困るというのなら、まずは自分で嬉々としてゴミ拾いをすればよい。

それを黙ってしばらくやっていると、そのうち、みなさんの姿を見た他の人たちも、やはりゴミはゴミ箱に捨てるようになる。みなさんがゴミ拾いをしていれば、「ゴミはゴミ箱に捨てるもの」という暗示にかけられ、だれもがそれを真似するようになるのだ。

社員に楽しく仕事をしてもらいたいのなら、まずは自分がニコニコしながら陽気に仕事をしてみせればよい。それを見た他の人たちも、みなさんに感化されて、楽しく仕事をするようになるはずである。

まずは相手に信用してもらうことが先決

エネルギードリンクというものは、「こいつは効くぞ！」と思って飲めば、ものすごく効果がある。「本当に効くのかなあ？」と半信半疑で飲んでも、エネルギーが湧いてこない。

大切なのは、本人がいかに信じ込めるのか、ということである。信じていれば、どんなエネルギードリンクでも効くのだし、信じていなければ、どんなに高額なエネルギードリンクも効かない。

ワシントン大学のアンソニー・グリーンワルドは、ポスターや新聞広告で実験の募集をし、集まった288名のボランティアを2つのグループに分けた。5週間に渡って、あるグループには、サブリミナルによる「自己啓発テープ」というものを聞いてもらい、別のグループには、「記憶力を高めるテープ」というものを聞いてもらった。

実際のところ、それぞれに配ったテープは、ラベルが逆であった。つまり、「自己啓発テープ」には「記憶力を高めるテープ」の内容が入っていて、「記憶力を高めるテープ」には、「自己啓発テープ」の内容が入っていたのである。

ところが5週間後、50％のボランティアが、ラベルどおりの力が本当に高まったと答えたのである。ラベルとは違う力が高まったと答えたのはわずか15％であった。

インチキなテープでも、本人が「効くぞ！」と思い込めば、本当に効いてしまうことが、この実験から明らかにされたわけである。そんな効能など本当はないのに、人間の思い込みの力というのは、まことにすごい力を持っているといえる。

人に暗示をかけるときには、まず相手に信用してもらわなければならない。信用してもらえなければ、何をいってもムダになるからである。

占い師は、最初に相手の悩みをズバリと見抜いて、度肝を抜く。そして、「この人は、本物なのだ」と思わせてから、占いを始める。そうしないと、何をいっても疑われてしまうからである。

ちなみに、占い師がよくやるテクニックは、若い人に向かっては、「あなたは恋に悩んでいますね？」と質問することであり、中年の人に向かっては、「あなたは仕事か健康で悩んでいますね？」と質問することである。

若い人の悩みなど、恋の悩みに決まっているし、中高年の悩みといったら、仕事か健康が相場に決まっている。ところが、たいていの人は自分の悩みが見抜かれたと感じ、占い師を信用してしまうのである。その後は、占い師が何をいっても、素直に、従順に、羊のように従ってくれる。

大切なのは、まず相手に信用されることである。

いったん信用されてしまえば、どんな暗示もかけることができるが、信用されていないうちには、なかなか暗示にかけるのは難しい。

ほんの微かな香りを漂わせることで、印象は変わる

気持ちのいい香りがするところで人に会うと、みなさんは相手に好かれる。魅力を水増ししして評価してもらえる。

なぜかというと、**本当は香りによって気持ちよさが引き出されているにすぎないのだが、相手は、「あなたと一緒だから、私はこんなに気持ちがいいのだろう」と思い込んでくれるからである。**

ノースイースタン大学のウェン・リーは、これを「サブリミナル・スメル」と呼んでいる。相手に気づかれないほど微妙な弱さで、良い香りを相手に嗅がせると、他の人に感じる魅力が高まるのである。

ウェン・リーは、25段階で香りの強さを変えながら、レモンの良い香り、あるいは汗の不快な香りを嗅がせながら、80人の写真に魅力の点数をつけてもらった。

すると、レモンの微妙な香りを嗅がせたときに、人の魅力に高い点数をつけることが明らかになったのである。不愉快な汗の臭いを嗅がされた人は、だれに対しても悪い点数をつけることも判明した。

好ましい香りは、みなさん自身の好ましさを暗示する。

だから、こっそりと良い香りを振りまいておくと、簡単に好かれることもできるのである。

逆に、汗臭いとか、タバコ臭いとか、そういう臭いがあると、みなさんの魅力は簡単に下がってしまうことも覚えておくとよい。

私のカバンの中には、口臭予防のフリスクと、微香のデオドラント・スプレーがたえず常備されている。人に会うときには、ほんの微かに芳しい香りがしたほうが、相手のサブリミナルに影響を与え、好ましい人物だと評価してもらえるからである。そういう準備は絶対にしておいたほうがいい。

経営の神様といわれた松下幸之助さんは、人を会食に招待するときには、必ず自分のほうが先にお店に着くようにし、部屋にイヤな匂いが漂っていないか、空調の具合はどうか、タバコの煙は相手のほうに流れていかないかなどを確認したといわれている。

臭い部屋で人に会っていたら、自分も悪く評価されてしまうことを、経験的に知っていたのであろう。

女性は、自分の体臭などに敏感であるが、男性の中には、自分がどんな臭いを発しているのか、あまり気にせず、無頓着な人がいる。そういう人は、自分がどれだけソンをしているのかをしっかり認識しておいたほうがいい。

どんなに良い笑顔を見せようが、どんなにオシャレな洋服を着ていようが、汗やタバコの入り混じった臭いを発していたら、人に好かれるわけがないのだ。

世間話は、親密なコミュニケーションへの入り口

見知らぬ人に何かのお願いをするとき、いきなりお願いを切り出すのではなく、その前にちょっとした雑談というか、世間話をしておくと、その後のお願いを聞いてもらえる確率が高くなる。

たとえ面識がなくとも、ほんの2、3の世間話をしているうちに、相手は「この人は、私の友人なんだ」という気持ちになってしまうからである。**私たちには、「友人の頼みは断れない」という心理があるから、友人のような暗示をかけてしまえば、ムリなお願いでも聞いてもらいやすくなるのである。**

フランス・ブルターニュ大学のセバスチャン・マイネリは、大学生に実験協力を頼んで、見知らぬ人に「やあ、お元気ですか」とか「今日はいい天気で気持ちいいですね」といった世間話をしてもらってから、「アンケートにお答えしてもらえませんか？」と切り出してもらった。

すると、いきなりアンケートのお願いをしたときには17・3％しか応じてくれなかったが、世間話をしてからお願いすると、これが25・2％へとアップしたという。

ほんの一言、二言の世間話をした後でさえ、相手がＯＫしてくれる割合はアップする

のだから、さらにその世間話を長くすれば、もっと割合が高くなった可能性もある。

相手とのやりとりを増やせば増やすほど、「あなたは私の友人」という意識を強化することができる。

知らない人にアポイントをとるとき、たいていの人はメールで約束をとりつけていると思うのであるが、このときにちょっとしたコツがある。

普通の人は、依頼のメールを送り、相手から諾否の返事がかえってくると、その段階でやりとりをオシマイにしてしまうことが多い。けれども、これでは相手の頭の中に「あなたは友人」という意識を植え付けることができない。

だから、その後にも、実際に会う日まで、メールのやりとりをつづけたほうがいい。相手から返事がかえってこなくとも、「○○さんに会えるのが楽しみです」とか、「○○さんのおススメの本はありますか？」といったメールを何度も送るのである。

そうやってやりとりを増やしておけば、実際に約束の日がきたときには、すでにみなさんは相手にとっての〝お友達〟になっているはずだ。そういう感覚を相手に持たせて、暗示にかけておくことは非常に重要である。

私は、ビジネスメールを送るときにさえ、少し砕けた文章を書く。といっても、あまりに砕けるのは失礼なので、せいぜい「○○です」ではなく、「○○ですよね」などと「ね」

を文末につけたりするだけであるが。

なぜ砕けたメールを書くのかというと、そのほうが〝お友達感覚〟を強化することができるからである。そういう暗示をかけておけば、実際に会ったときにも、やりとりはスムーズにいく。なにしろ、私は相手にとっての初対面の相手ではなく、お友達なのだから。

相手の身体に触れることは、相手の心に触れるのと同じ意味を持つ

親しい友人は、お互いに身体を接触させる。仲のいい女の子は、一緒に腕を組んで歩いていたりするし、心を許した同僚とは、酔っ払って肩を組み合ったりする。そうやって身体接触をすることで、さらに仲が良くなる。

サルの仲間では、お互いに毛づくろいをすることによって、より親密になったり、愛情を感じ合ったりする。触れ合いが大切なのだ。キリンは、お互いに首をこすり合わせることで、やはり触れ合いをしている。

人間もそうで、仲のいい人は、しょっちゅうお互いの身体を触れ合っている。

しかし、この逆のこともいえる。

つまり、仲がいいから相手の身体に触れるのではなく、「相手の身体に触れるから、もっと仲良くなれる」ということもいえるのだ。

相手の心にいっぺんに深く入り込みたいのなら、相手の身体に触れるようにすればいい。仲が良くなってから身体に触るのを待つのではなく、どんどん自分から触っていくのだ。みなさんが相手に触れば触るほど、相手は、みなさんのことを「自分の知り合いや友達」だと感じてくれるであろう。

キャバクラのお姉さんは、たとえ初対面であっても、男性客の膝にやさしく手を置いたり、手のひらを握ったりする。

なぜ、そうするのかというと、一瞬で〝疑似恋人関係〟を感じさせることができるからである。普通は仲良くなってから手を握るところであるが、その順番を逆にして、手を握って仲良くなろうという魂胆なのだ。

意図的に相手の身体に触れることで、友達や恋人を意識させるテクニックは、「タッチング」と呼ばれている。これは非常に効果的なテクニックである。

ハワイ大学のアミー・フバードは、レストランにやってきた男女200名ずつのお客に対し、店員が軽く相手の腕に手を触れるようにすると、男性客の16・0％、女性客の

15・5%がチップをくれることを明らかにしている。

タッチしないときには、男女ともお客の10・5%しかチップをくれなかったから、タッチングをすると、お客は店員に対して、親しみや愛情をより強く感じた、ということである。

「相手に触ったりすると、馴れ馴れしいヤツだと思われませんか?」

そう心配する人がいらっしゃるかもしれないが、そんなに心配はいらない。なぜなら、私たちは他人に触られることがそんなに嫌いではないからである。

もちろん、相手が異性の場合には気をつけなければならないが、握手を求めるだけでも、タッチングとしては十分に効果的だと思う。私も、相手が女性のときには、「これからもよろしくお付き合いください」といいながら、右手を差し出すようにしているが、たいていは快く応じてくれる。

基礎編 2章

望み通りの自分を手に入れる心理術

できないことでも公言して、自分に暗示をかける

望み通りの自分になりたければ、自分が望んでいることを他の人に公言しまくるのがよい。

「私は、将来、この会社の社長になる」

「私は、億万長者になって、豪邸に住む」

「私は、あなたと結婚する」

とにかく自分が望んだことは、何でも口にするのがよい。頭の中でぼんやりと夢想しているだけではなく、他の人に語るのだ。他の人に語れば語るほど、〝自己暗示〟の効果が働いて、みなさんは望んだとおりの結果を手に入れることができる。

米国ケース・ウェスタン・リザーブ大学のダイアン・タイスは、「私は性格的に落ち着いている人間です」と他の人に向かって語らせると、そのうちに本当に落ち着いた人間になっていくことを突き止めている。

ウソでもいいから、とにかく自分が望んでいることは何でも口にすることだ。それが現実的に可能であるとか、不可能であるとか、そういうことはあまり気にしなくていい。口にすればするほど、それは現実のものになっていく。

ヘンリー・フォードは、まだまだ馬車が一般的だった時代に、「俺は鉄の馬車を走らせてやる！」と周囲に公言していたため、みんなからバカにされていた。しかし、結局、フォードは自動車王と呼ばれることになる。

自分が望んでいることは、口に出せば現実化する。

にもかかわらず、たいていの人は、「よくないこと」ばかりを口にする。

「私は、物覚えが悪いんですよね」

「私は、手先が不器用なんですよね」

「私は、引っ込み思案なんですよね」

「私は、異性にモテないんですよね」

そんなことを口にしているから、それが現実化してしまって、頭が悪く、不器用で、引っ込み思案で、異性にもモテなくなってしまうのだ。まさに自業自得である。おかしなことを口にしているから、どんどん悪い方向に自分が変わってしまうのである。

私たちの思考は現実化する。

望んだとおりの自分になりたいなら、まずは自分自身がそれを信じ込み、しかもそれを他人に公言しまくればよい。そうすれば、みなさんはいつの日か望んだとおりの自分になることができるだろう。天下がとりたいなら、「俺は、将来、天下をとってやる！」と青臭いことをいいまくることである。

自分に都合のいいデータを集めて、思考を強化する

望んだとおりの自分になるためには、まずもって、自分の思考を強化しておくことが必要になる。

たとえば、「私は、お金持ちになる!」と考える一方で、「でも、どうせムリだよなあ……」という意識が働いてしまうと、そちらのネガティブな意識のほうが影響してしまうからである。

『ミリオネア・マインド――大金持ちになれる人』(三笠書房)の著者であるハーブ・エッカーは、「お金があると人生を楽しめる」と思いながらも、「でもお金持ちになるためには、死ぬほど働かなきゃいけない。家族も顧みずに働かなきゃいけない。それはイヤだよなあ」と反対する気持ちがあると、暗示もきかなくなる、と指摘している。思考が一貫していないと、自己暗示もきかなくなってしまうのだ。

では、どうすれば思考を強化できるのかというと、自分にとって都合のいいデータば

かりを集めるのである。多くのデータがあれば、それらを自分の思考の裏づけにできる。「ほら、こんなに証拠があるじゃないか」と思い込むことができるのだ。

たとえば、自分が喫煙者であるとしよう。

それでも、長生きしたいと考えているとしよう。

こんなときには、「タバコは有害」という情報にはまったく目もくれず、「タバコは有益なこともある」という情報ばかりを収集するのだ。「ギネスブックに載っている世界一の長生きをした人だって、タバコを吸っていた」とか、「タバコはストレス緩和効果があるから、イライラを吹き飛ばし、かえって精神的には健康でいられる」といった事実をどんどん集めていけば、「タバコを吸っても長生きできる」という思考を強化できる。

どうせタバコを吸うのであれば、「身体に悪そうだな」などとネガティブなことを考えながら吸うよりも、「ああ、うまい。これで長生きできる！」と信じ込みながら紫煙をくゆらせたほうが、自分にとっても幸せなことであろう。

自分に暗示をかけるときには、疑いの心を持ってはならない。

「私は、ダイエットする！」ということを望んでいるのに、「またどうせ今回も失敗するのかも？」という疑いの心があれば、そちらの暗示のほうが影響し、おそらくはダイエットも失敗することになるであろう。

ダイエットをするのなら、自分にとって都合のいいデータを頭の中に埋め尽くすことである。「私は、受験のときにも死ぬほど努力したじゃないか」とか、「私はいったん引き受けた仕事は途中で放り出したことはないじゃないか」とか、「私の家族だって、みんなスリムじゃないか」といったことを考えるのである。そうすれば、「よし、私ならダイエットもできる！」という気持ちを強化できるであろう。

友人や恋人にも手伝ってもらうと、イメージは強化される

理想の自分になろうとするとき、自分だけの思い込みでは、やはり弱いということがある。そんなときには、友人や恋人、家族などにも手伝ってもらって、思考を強化するようにするとよいであろう。

自分一人で、「私は、独立して起業家になって成功する！」ということを思い込もうとしても、なかなかうまくいかないことがある。

このような場合には、奥さんに、「あなたならきっと成功するわ！」といってもらったり、友人たちにも「お前ならうまくいく！　諦めずに頑張れ！」といった言葉をかけても

らうとよい。そうすれば、思考はさらに強化できる。

「ウソでもいいから俺を励ましてくれ」

「ウソでもいいから私を勇気づけてくれ」

とお願いすれば、相手は苦笑しながらも、いろいろな言葉をかけてくれるのではないかと思われる。

単純に意見や感想を求めたりすると、「う〜ん、独立かあ。うまくいかないんじゃないの？」と反対されてしまうことも少なくない。そんな言葉をかけられると、余計に自分の意志が萎えてしまうので逆効果になる。あくまでも、励ましの勇気づけだけをしてくれるようにお願いするのである。

カリフォルニア州立大学のリサ・ファストは、先生やクラスメートから、「あなたは算数ができるようになる」という言葉かけをしてもらうと、「自分はできるんだ」という思い込みが強化され、実際に、算数のテストで高得点を出せることを明らかにしている。本人の思い込みも重要だが、それを強化してくれるのは、クラスや友人なのだ。

できれば、ものすごくネアカで、楽観的な友人や恋人がいるとよい。

自分が何か暗いことを口にしても、即座に否定してくれて、「あなたなら大丈夫！」と断言してくれるような友達を作ろう。

そういう友達がいると、みなさんは理想の自分になるための思考をいくらでも強化できるようになるからだ。

他人からいわれた言葉というのは、本人の思い込み以上に強い暗示の効果を持っている。自分では半信半疑でも、他の人から、「お前ならうまくいくよ」といってもらえれば、本当に何とかなりそうな気持ちになるものなのだ。

暗いことばかり口にする友達からは、なるべく距離をとって、付き合わないようにしよう。

そういう人と付き合っていると、ネガティブなことばかりいわれて、悪い暗示ばかりをかけられてしまうからである。**どうせ付き合うのであれば、物事の明るい側面だけを見てくれて、勇気づけられるようなことを口にしてくれる人がよい。**

よくできた自分には、たっぷりのご褒美を与える

理想の自分になるためには、とにかく努力が必要になる。まったく何の努力もしないで、気がついたら理想の自分になっていた、ということはあまり期待できない。やはり、

相応の努力は必要になる。

心理学的にいうと、信念や思考を強化することでも、自分を変えることはできることが明らかにされているとはいえ、行動を伴ったほうがさらにその効果を高めることができることもわかっている。

ただ頭の中だけで億万長者をイメージするだけでなく、人一倍、がむしゃらに仕事に取り組むという努力をすれば、さらに夢の実現が近づくというものである。

とはいうものの、人間というものは、「何らかのご褒美」がないと、気持ちがくじけてしまうのもたしかである。何のご褒美もなければ、努力をするのもバカバカしくなってきてしまうので、自分で自分にご褒美を与えるようにするといい。

ウィークデイは死ぬほど勉強や仕事に取り組み、週末には、大好きなサーフィンに出かけることを許したり、風俗に行くことを自分に許すのは、どうか。

なかなかいいアイデアだ。

週末にご褒美があると思えば、そのぶんウィークデイは本気で仕事ができるであろう。

米国ブラウン医科大学のレナ・ウィングは、ダイエットに成功した２１６名についての調査を行い、リバウンドをしないでダイエットに成功できた人たちにはある共通点があって、それは「１か月ごとのご褒美をちゃんと用意してある」ということであることを突き止めた。

努力をするにしても、そこにはご褒美が待っていなければならない。

ご褒美があればこそ、人は燃えるのである。「ご褒美のために、頑張るぞ！」という意欲が高まるのである。

最終的には、スリムな身体を手に入れるという目標が叶えば、それが一番のご褒美になることはいうまでもないのであるが、そこに至るまでの長い道のりを走破するためには、ちょこちょこと休憩ポイントがあったほうがよい。その休憩ポイントこそ、自分を発奮させてくれるご褒美なのである。

人間というのは、とても現金なもので、ご褒美があればやる気が出るのだが、ご褒美がないとなかなかそういう気持ちになれない。かといって、他の人が自分にご褒美をくれるかどうかはわからないので、自分で自分にご褒美を用意しておくのがよい。

なお、自分で準備するご褒美は、努力の程度に応じて、何段階かのものを準備しておくとよいであろう。たいして努力もしていないのに、温泉旅行に行くのを自分に許す、というのはやり過ぎである。たいして努力もしないときには、せいぜいお風呂上りのアイスを自分に許す、というレベルであろう。

たっぷりのご褒美を用意しておけば、どんな努力も苦痛ではなくなる。

どうせなら楽しみながら、自己改善に取り組んでほしい。

「どうにでもなれ効果」で完璧主義のリスクを軽減

自分に何らかの努力を課した場合、それを完遂するまでは、絶対にやり遂げなければならないことはいうまでもない。

とはいえ、たまには息抜きというか、サボることも自分に許してあげるのでなければ、人間というものは精神的にまいってしまう。マジメであることは美徳であるとはいえ、生真面目にルールを守らなくともいいのだ。

たとえば、ダイエットをするときには、一週間に一度くらいは、好きなモノを好きなだけ食べてよい、という例外を認めておかないと、ダイエットは成功しないといわれている。そういう、〝ゆるさ〟のようなものも、必要なのだ。

カナダにあるトロント大学のジャネット・ポリヴィは、「どうにでもなれ効果」という心理法則を明らかにしている。

厳密なダイエットをしている人は、ほんの少しでもつまずいただけで、たとえば、ピザを一切れでもつまみ食いしただけで、「もうダイエットなんかしてもムダだ」と諦めてしまって、ダイエットをそこで打ち切ってしまうことが多い。「もう、どうにでもなれ」と思ってしまうのだ。

「お酒を、もう一滴も飲まない」と禁酒の誓いを立てた人も、やはり必死に我慢して、たまたま一度だけルールを破ると、とたんにこれまでの努力をやめて、お酒を飲み始めるようになってしまう。これが、「どうにでもなれ効果」である。

あまり堅苦しいルールを設定すると、ちょっとそれを破っただけで、すべてを放り出してしまうところが人間にはある。

だから、そういうことにならないよう、あらかじめ例外というか、サボりというか、そういうものもきちんとルールに組み込んでおく必要があるのだ。

禁酒をするのなら、友達との飲み会では飲んでよいとか、結婚式やお葬式ではお酒を飲んでよいとか、一週間に一度、日本酒3合までならよいとか、自分なりに例外ルールも設けておいたほうが、「一滴の酒も口にしない」というルールよりも、現実にはよく守れるようになるのである。

あまりストイックに自分をイジメても、そういう努力は長くはつづけることができない。人間はもともと不真面目で、ルールを破ることなど当たり前なのだと割り切って、厳

密なルールを作ったりはしないことである。

私は、本を書くようになってから、「せっかく作家になれたのだから、一日に一冊は本を読む」というルールをここ20年近く実践しているが、そうはいうものの、友達とお酒を飲んだときには眠くてどうしようもないので、そんな時には、翌日に2冊の本を読めばよい、というようにルールを少しだけ〝ゆるく〟設定してある。少しゆるいからこそ、今でもこのルールを守れているのである。

ハイレベルなものを身につけることで、自分自身のレベルを上げる

お金持ちになったり、出世したいのであれば、今の自分よりもワンランク上のものを身につけるようにするとよい。

たとえば、スーツについても、「自分は平社員だから、一着一万円のスーツでいいや」と思うのではなく、重役の人が着るようなスーツを頑張って購入するのである。お金はかかるが、そこはやせ我慢するのである。

今よりハイレベルなスーツを身につけるようにすると、それに伴って、ボールペンやネクタイ、靴、シャツなども高額なものを身につけるようになるであろう。これを「ディドロ効果」という。

ひとつ高価なものを持つと、他のものもそれに釣り合わせたいという欲求が起き、連鎖的に他のものも次々と買い替えたくなるのである。「ディドロ」というのは、フランスの伯爵の名前で、彼がエッセイに綴った経験に由来する心理学用語だ。

頑張ってスーツを高価なものにすると、他のものも高価なものにしたくなる。

それを手に入れるため、必死になって、今まで以上に努力するようになる。

すると、高価なスーツに見合うような生活も手に入るようになるのである。

たいていの人は、お金持ちになってから、高い自動車や、高い腕時計を身につけようと思うものだが、それは間違いだ。

「お金が貯まるのを待って……」などといっていたら、いつまで経っても、お金は貯まらない。

お金があろうがなかろうが、とりあえずムリをして、ハイレベルなものを身につけるのだ。そうすれば、みなさんはそのハイレベルなものに釣り合うように、自分を変えようという気持ちになる。その結果として、お金持ちにもなれるのである。

ピアノやバイオリンを習うとき、「私は初心者だから」といって、どうでもいいピアノやバイオリンで練習していると、いつまで経ってもうまくなれないという。

頑張って高いピアノを購入したり、一流のバイオリン奏者が使うようなバイオリンを購入するからこそ、死ぬほどの努力をすることができ、自分も一流の人間になれるのである。

サッカーの初心者であっても、プロ選手が使っているスパイクを買えば、練習にも身が入る。野球でも、バドミントンでも同じだ。プロが使っているものと同じ仕様のものを買ったほうが、技量は絶対に高まる。

安いものを身につけていたら、みなさん自身の価値も、今までと変わることがないであろう。頑張ってワンランク上のものを身につけるようにするからこそ、みなさん自身の価値も上がっていくのだ。

人間は高いものを身につけると、それに自分を合わせようとして、努力をするようになるのである。思い切って高いスーツを買えば、その高いスーツに見合うように自分を近づけようとしなければならないな、という気持ちも強化されるのだ。

気持ちが挫けそうになったら、両手を高らかに1分間あげる

私たちの心というものは、自分が取っている姿勢に大きな影響を受ける。

胸を張り、足を高く上げ、アゴを上げるようにして歩いていると、なぜか自分が強い人間になってくるように感じられるであろう。逆に、背中を丸めて、靴の底を地面にこすりつけるように歩いていたら、自分がとてもつまらない人間のように思えてくるであろう。

心理学では、「パワーポーズ」と呼ばれる姿勢が知られている。

ひとつのパワーポーズは、両手を大きく広げ、上にあげること。

太陽の光を両手で抱きしめるように高く上にあげていると、心も強くなってくるのである。時間は1分間。たった1分間で、気持ちが強くなるのだから、こんなに簡単な方法はないであろう。

カリフォルニア州立大学のダナ・カーニーが、このパワーポーズを1分間とらせてから、強気を試すギャンブルをさせたところ、強気な選択をした人は86・36％もいたという。

逆に、両手を膝の間にはさんで座るといった弱いポーズをとらされたグループでは、強

気のギャンブルをするのは60％にすぎなかった。

カーニーによると、強いポーズをとると、テストステロンの値が上昇するらしい。テストステロンというのは、男性ホルモンのひとつで、これが上昇したということは、男性的に、積極的に、攻撃的になれる、という意味である。

気持ちが挫けそうなときには、両手を上にあげよう。

そういうポーズをとっていれば、みなさんの心にはパワーが漲ってくるし、「ナニクソ！　負けてなるものか！」という気持ちを取り戻すことができる。どうにもモチベーションが上がらないとか、やる気が出ないときにも、このポーズは効果を発揮する。騙されたと思って、ぜひお試しいただきたい。

ただ、人前でいきなり両手を上にあげていると、おかしな人だと思われかねないから、自宅であるとか、トイレの個室などで、こっそりと両手をあげるようにしよう。

大事なクライアントとの交渉であるとか、プレゼンテーションを控えているときなどには、その直前にパワーポーズをとっておくことをおススメする。心にエネルギーが湧いてきて、精力的な姿勢で臨むことができるからだ。

もともと気が弱い人は、気が弱くなるようなポーズをとっている。

うつむいて、下ばかり見ていたら、気持ちだって萎えてくるに決まっているのだ。

テニスのプロ選手は、たとえ自分が負けそうであっても、決してラケットを下げないようにしているという。ラケットを下に向けてしまうと、勝とうという気持ちも吹き飛んでしまうから、そうならないように気をつけているのだ。これを「ラケット・アップ」と呼ぶらしい。

手を強く握りしめるだけで、心理状態は変わる

パワーポーズには、両手を上に高くあげるほかにも、ギュッと手を握り締め、握りこぶしを作る、というやり方もある。

握りこぶしというのは、人をぶん殴るときの手の形であるが、そういう手の形を作っていると、私たちの脳みそは、「ケンカに負けるな！」という指令を出すらしく、心にエネルギーを充てんするらしいのである。

とても面白い実験がある。

ポルトガルにあるリスボン大学のトーマス・シューベルトは、利き手でないほうの手で、ジャンケンのグー（握りこぶし）を作らせながら、自己評価のテストを受けさせてみ

た。すると、このグループでは、積極的で、自信家、という自己評定が高くなった。

シューベルトは、別のグループの人には、ジャンケンのチョキを作らせながら同じテストを実施したのだが、こちらでは、そういう高まりは見られなかったという。

握りこぶしを作っていると、心も強くなることが実証されたといえる。

交渉をしているとき、「ああ、もう今回はダメだな」と気持ちが挫けそうになったら、相手に見えないように、テーブルの下で、こっそりと握りこぶしを作ってみるとよい。そうすれば、「まだまだ匙を投げるものか！」というモチベーションが復活するのではないかと思われる。

出社するとき、「どうも今日は体調が悪い」とか「やる気が出ない」と思うのなら、電車の中や、バスの中で、ギュッと握りこぶしを作ってみるとよい。グーとパーを何度かくり返すように握りこぶしを作ってみると、心に火が燃えてくる。

ただ、握りこぶしを作ってエネルギッシュな気持ちになれるのは、残念ながら男性だけである。シューベルトの実験では、男性は握りこぶしを作っていると、積極的で、自信家になれたのだが、この効果は女性には見られなかったのである。なぜかはよくわからないのだが、このテクニックは男性限定らしい。

私は、大学の講義をする前であるとか、講演会で話をする前などには、手を開いては握りしめるという作業を何回かやることをルーティンにしている。学生時代から、テストを受ける前などにやっていたルーティンなのだが、これがパワーポーズのひとつだと知ったのは、ずいぶん後のことである。知らないうちに、私は、自分のやる気が出るようなことをやっていたのだ。

何かを放り出したくなったら、腕組みをすると我慢強くなれる

「ああ、もうこんな仕事投げ出したいな」

「今日は、もう疲れたからここまでにしよう」

このように何でもすぐに放り出してしまう人がいる。こういう人は「ああ、疲れた」が口癖で、物事を簡単に放り出す。こらえ性がないのである。根性もないのである。

いったん自分が取りかかった仕事は、終わるまで投げ出さずに執着するからこそ、物事はうまくいくのだ。一回や二回、失敗したからといって、すぐに投げ出していたら、どんな分野でも成功することはない。ノーベル賞クラスの科学者は、たとえ一万回の失敗をし

ても、諦めずに実験をくり返す。彼らが成功する理由はただひとつ、物事を決して投げないことだけである。

とはいえ、読者のみなさんに「もっと根性を出せ！」などという精神論を述べているのではない。根性というものは、出せといわれて、はいそうですか、とすぐに出せるものではないことは、私も重々承知している。

しかし、私は「根性の出し方」というか、テクニックを知っているので、そちらはアドバイスしておこう。

それは、〝腕組み〟をすること。

何かを投げ出したい気持ちになったら、諦めそうになったら、すかさず腕組みをするのである。

腕組みというのは、「ここから先には進ませないぞ！」という意思表示でもある不動の姿勢であるが、こういう姿勢をとっていると、心に粘り強さが生まれてくるのである。

米国ロチェスター大学のロン・フリードマンは、41名の大学生に、アナグラム作業をやらせてみた。アナグラム作業というのは、バラバラのアルファベットを並べ替えて、意味のある単語を作るという作業である。たとえば、「り・ん・し・く・が」という文字を見せて、「しんりがく」（心理学）という単語を作らせるのだ。

ただフリードマンは、とても意地の悪いことに、どのように並べ替えても単語など完成できない作業をやらせたのである。フリードマンが知りたかったのは、たとえ不可能なことでも、どれくらい粘り強く、辛抱強く取り組みつづけるかだったのだ。

さて、フリードマンは、半数のグループには、腕組みをしながら問題を考えさせた。そしてギブアップするまでの時間を調べてみたのである。すると、このグループでは約55秒も根を上げなかった。残りの半数のグループは、手を膝の上に置いたまま問題に取り組んだ。このグループでは、約30秒でみんな根を上げた。

腕組みをしていると、約2倍も我慢強くなることができ、作業を放り出さなくなることが、この実験から明らかにされたといえる。フリードマンは、「腕組みをしていると、人は粘り強さを獲得できるようだ」と結論している。

根性を出したければ、腕組みをしてみるとよい。

自分が取りかかっている仕事にうんざりしてきたら、腕組みをしてみよう。そうすれば、5分でも、10分でも、さらに粘ることができるであろう。すぐに諦めるよりは、1分でも1秒でも投げ出すのを遅らせることによって、我慢強さや忍耐強さを養うことができるのである。そういう粘り強さがなければ、結局は、自分を成長させることはできないのである。

基礎編

3章
人間関係が
面白いほどうまくいく心理術

「いい人」がつまらないのは、サプライズがないから

世の中には、正直で、誠実で、マジメな人がたくさんいる。では、そういう人が、職場の人気者で、だれからも敬愛され、異性にもモテモテなのかというと、残念ながらそういうことにはならない。

彼らは、たしかに、世間一般でいう〝いい人〟なのであるが、それだけなのだ。

「うちの課の○○さんって、いい人なんだけど、物足りないんだよね」

「いい人なんだけど、〝どうでもいい人〟なんだよね」

マジメな人ほど、こういう陰口をいわれている。彼らは、とても誠実で人の良い好人物なのであるが、それだけではダメなのである。

誠実さとマジメさだけが取り柄の人は、何を話すにしても、どんな行動をするにしても、ある程度の予想がついてしまう。予想外のことをいったり、ビックリさせるような行動をとったりしない。だから、底が見えてしまって、面白くもなんともない人だという印象を与えてしまうのである。

その点、ちょっぴりワルなところがあり、不良で、ヤクザな人間は、何をするか予想がつかない。そういう人と一緒にいると、ドキドキさせてくれる。だから、一緒にいると面

白くて、興奮するのだ。

芸能人でも、哀川翔さん、赤井英和さん、ジローラモ、矢沢永吉さんのようなワルっぽい雰囲気を漂わせている人のほうが、なんとなく魅力的に感じてしまう。

好ましい対象ではなく、むしろ嫌悪の対象に心を惹かれてしまうことを、心理学では「パンドラ効果」と呼んでいる。

「パンドラ効果」とは、「パンドラの箱」のギリシャ神話から作られた用語であり、「絶対にこの箱を開けるな！」といわれると、かえって好奇心がそそられてしまい、結局は開けてしまう、という逸話に基づいている。

社会的な通念として、「不良な人には近づいてはいけない」とはいわれるものの、たいていの人は、近づいてはいけないと思えば思うほど、かえってワルに近づきたくなってしまうのである。

マジメなだけでは魅力を感じさせないのであるから、どこかミステリアスなところがあるとか、どこかつかみどころがないとか、どこか悪い部分を持っていなければならない。

シカゴ大学のクリストファー・シーは、「ここに10本のボールペンがあるんですが、その中に何本か〝いたずらボールペン〟が入ってます。もしそれをノックすると、電気ショックが出て痛いですよ。次の実験まで少し時間があるので暇つぶししたければ、どうぞ」

と伝えておくと、大半の人は、そのボールペンをわざとノックすることを確認した。「痛いよ」と警告しているにもかかわらず、たいていの人は、その「痛み」をわざわざ自分から感じようとしたのである。

私たちは、禁じられていればいるほど、近づいてはいけないと思えば思うほど、そういう人のところに近づいていきたくなる。この心理を逆手にとって、あえて善良な人間ではなく、不良な人間を演じるのも、人気者になる秘訣ではないかと思う。

怒りっぽい人を、色でコントロールする

イライラしていて、怒りっぽい人と付き合うのはとても大変である。そういう人物は、いつ感情を爆発させるのかがわからないし、こちらが何もしていないのに八つ当たりしてくることさえある。

こういう理不尽な人間をうまくなだめるには、「ピンク」を上手に使うとよい。

奥さん、あるいは旦那さんが怒りっぽいのなら、カーテンの色をピンクにするとか、テーブルクロスの色をピンクにすればいい。そうすれば夫婦でのケンカはずいぶん減るであ

ろう。

仕事でクレーマーの対応をしなければならないのなら、シャツをピンクにするとか、ネクタイにピンクが入ったものを選ぶとよい。クリアファイルをピンクにしてもよい。そうすれば、激昂したクレーマーも、しばらくすると気分が落ち着いてくる可能性が大だ。

とにかく、「怒った人をなだめる、魔法の色はピンク」というアドバイスを覚えておくと、いろいろなところで応用がきく。

「ピンクを見ていると、人の心は落ち着く」という現象は、「ベイカー・ミラー・ピンク効果」として心理学では知られている。

米国ワシントン州シアトルにある海軍の更生施設では、海軍兵曹長のジーン・ベイカーと、施設責任者のロン・ミラー大佐が、壁や天井を一面ピンク色にした部屋を作って、そこに暴れている収容者を入れるようにした。

すると、どんなに暴れている収容者でも、15分もするとみんな落ち着いてしまったのである。

不思議なことに、人間というのは、ピンクを見ていると、心が和むのだ。これが「ベイカー・ミラー・ピンク効果」である。

アメリカのサンタクララ刑務所では、ピンクで壁を塗った「ピンク・ルーム」を作って、そこに凶悪犯を収容しているという。この部屋にいると、だれでも大人しくなってしまうからだ。

米国ジョン・キャロル大学のパメラ・プロフセックは、より厳密な実験によって、ピンク色の効果を検証している。プロフセックは、ピンク色の部屋と赤色の部屋を用意し、そこに5分間いてもらってから不安の測定をすると、ピンクの色にいた参加者のほうが、はるかに不安が減少することを突き止めている。

なぜピンク色を見ていると、心が和んでしまうのか。そのメカニズムについては、ちょっとよくわからない。ただ、そういう効果があることだけを知っていれば、実際上は何の不都合もない。

お笑いコンビのオードリーの春日俊彰さんといえば、ピンクのベストがトレードマークである。ピンクを着ているせいなのか、顔だちまで穏やかそうに見える。春日さんを見ていると、ホッとさせられてしまうのも、ピンクの効果であろう。

男性は、あまりピンクの色を好まないのではないかと思われるが、自分の好みというよりも、「作戦の一環」として、ピンクを上手に使うことも考えてみよう。**特に、イライラした人を相手にするときには、大変な効果を発揮してくれるに違いない。**

難しい交渉などをするとき、たいていの人は、「パワーカラー」（自分を鼓舞してくれる色）として、赤色を選び、赤色のネクタイなどを締める人も多いのだが、これは戦略上、あまりよくない。

なぜなら、赤色というのは、たしかに自分を力づけてくれる色ではあるものの、見ている相手をイライラさせる色でもあるから、交渉がまとまりにくくなってしまう危険性があるのだ。

和やかなムードで、気持ちよく交渉をしたいのであれば、おススメはやはりピンクのほうであろう。

「作り笑いはわざとらしいからマイナス」の嘘

人に好かれたいのなら、たえずニコニコしていなければならない。

「何も面白いことなんてないのに、ヘラヘラしていられるか！」と思う人がいるかもしれないが、それは間違いである。

作り笑いだろうが何だろうが、いつでもニコニコとした笑顔を作っていると、本当に心のほうも楽しい気持ちになってくるのだ。

これは、オスカー・ワイルドの小説にちなんで「ドリアン・グレイ効果」と呼ばれている。この小説では、主人公が卑劣な行為をするたび、彼の肖像画に怖ろしい表情が刻み込まれ、その顔がだんだん変わってゆくのである。

不機嫌そうな顔をしていると、心も不機嫌になってくるし、悲しい顔をしていると、気持ちも落ち込んでしまう。私たちの気持ちとか、感情というものは、自分が「している顔」の影響をモロに受けてしまうのである。

楽しいことなど何もなくとも、それでもニコニコしていると、どうなるか。

みなさんの心は、ますます晴れやかになっていくであろう。

すると、当然、見ている人も気持ちよくなって、みなさんのように素敵な笑顔を見せてくれる人とは、今後も付き合っていきたいと思うであろう。こうやって、人間関係のネットワークはどんどん広がっていくのである。

不機嫌そうな顔をしている人は、人付き合いがうまくできない。不機嫌そうな顔をしている人と、わざわざ付き合おうという人はいないからだ。不機嫌そうな顔をしている人は、たいてい心のほうも歪んでいて、感情的で、攻撃的なことが多いからである。

「作り笑いをしたところで、相手には、作り笑いであることがバレてしまうのではないでしょうか？」という疑問を持たれる方もいらっしゃるであろう。

作り笑いをしていることがバレたら、かえって相手に悪い印象を与えてしまうのではないかと不安に感じる方もいらっしゃるであろう。

しかし、これらの心配はまったくの杞憂である。

なぜなら、**作り笑いというのは、「けっこうバレない」**ということが、心理学の実験でも明らかにされているからだ。

スコットランドにあるアバディーン大学のリンデン・ミルズは、本物の笑顔と、意図的に作った偽物の笑顔の両方を写真に撮影し、どれくらい幸せそうに見えるのかを調べてみたことがある。

その結果、本物の笑顔はたしかに94%の人が「幸せそうに見える」と答えたのだが、偽物の笑顔のほうも、72%の人がやはり「幸せそうに見える」と答えていたのである。本物の笑顔に比べれば、たしかに幸せに見える割合は若干減るものの、それでも7割以上の人には、偽物の笑顔でさえ笑顔に見えるのである。

人に会うときには、とりあえず面白くなくとも、ニコニコ笑っているのがよい。愛想を振りまいていれば、みなさんが嫌われることはない。嫌われるのは、たいてい不愛想なヤツであるのが相場だからである。

こちらの笑顔につられて、相手も楽しくなるミラー効果

作り笑いだろうが何だろうが、ニコニコしていれば、自分の気持ちも楽しくなってくるという話をした。さらに付け加えると、自分が楽しくなるばかりでなく、みなさんの笑顔を見た相手のほうも、やはり楽しい気分になってくるのである。

みなさんが、とりあえずニコニコと微笑んでいたら、どうなるか。

相手のほうも、「あれっ、この人と一緒にいると、なんだか楽しくなってきちゃったな」という気持ちになるのである。

私たちの脳みそには、ミラー・ニューロンという神経細胞がある。ミラー・ニューロンは、「相手と自分の心を鏡のように映し合う機能」を持った神経細胞だ。私たちの脳みそは、他人のことでさえ、まるで自分のことのように知覚することができる。

たとえば、受験に合格して、大喜びしている学生の姿を見れば、自分が合格したわけでもないのに、私たちの心もジーンとしてくるのは、ミラー・ニューロンの働きによるのである。

みなさんがニコニコしていれば、相手も楽しい気持ちになってくる。笑顔の人を見る

と、私たちは、楽しくなくとも楽しくなってくるのである。

自宅で一人でお酒を飲んでいると、酔っ払いはするものの、あまり楽しくはない。ところが、居酒屋で飲んでいると、ものすごく楽しい気持ちになってくるのも、居酒屋ではニコニコしている人たちがたくさんいるからだ。私たちは、他人の楽しそうな姿を見て、自分も楽しくなってくるのである。

人付き合いをうまくやりたいのなら、たえずニコニコしていればよい。

そうすれば相手も楽しくなってきて、そういう気分にさせてくれるみなさんとは、これからもずっとお付き合いしたいと思うであろう。

笑福亭鶴瓶さんは、どんなときでもニコニコしているので、どんな世代の人ともすぐに打ち解けた関係を作ることができる。笑顔を見せていれば、どんなところにも敵を作らずにすむのである。

こちらが笑顔でいれば、相手も笑顔を返してくれる。

オランダにあるアムステルダム大学のアニーク・ヴルートは、これを実験的に確認した。ヴルートは、デパート、スーパー、ショッピング・モールなどに男女の大学生を送り込み、「動物保護の募金」をお願いするという名目で、声をかけさせた。

ただし、半分の人に声をかけるときには、ニコニコと笑顔を見せながら近づくようにさせ、残りの半分の人に声をかけるときには、できるだけ無表情で声をかけるようにさせたのである。

　すると、学生が笑顔で近づいていった場合には、募金をお願いされた相手も64・9%がやはり笑顔を見せてくれたという。

　逆に、学生が無表情で近づいたときには、64・7%が無表情のままで返事をした。こちらが無表情だと、相手も無表情のままだったのだ。

　読者のみなさん自身も、わが身をちょっと振り返ってみてほしい。

　もしみなさんが、あまり人からよく思われることもなく、受け入れられることも少ないのであるとすれば、それはみなさんが笑顔を見せていないからではないだろうか。笑顔の大盤振る舞いをしていれば、そういうことにはならない。**みなさんがあまり好かれないのは、笑顔を見せることにケチケチしているからなのだ。**

内面はどうでもいいから、まず見た目をよくする

アメリカの政治家で史上最悪だったといわれているのが、ウォーレン・ハーディング大

統領。これは、ほとんどの歴史家が認めている。では、なぜそんな人物が、大統領にまで上りつめることができたのか。それは、ハーディング大統領が大変にハンサムな人物だったからである。

ハンサムに見える人のほうが好感を持たれやすい。

不公平なことであるが、これは事実である。

心理学では、この事実のことを「ハーディング効果」と呼んでいる。

「僕みたいにブサイクな顔だちだと、仕事も、恋愛も、人生も何もかもうまくいかないんだ」と悩んでいるのなら、いっそのこと美容整形をしたほうがいい。美容整形をして、見た目がよくなれば、自分に自信が持てるようになるし、人生もうまくいくからだ。

顔だちが悪いと、人に好かれることはない。

当然、仕事も、恋愛もうまくいかない。

だから一生、悩むくらいなら思い切って整形をすることをおススメする。

2005年にアメリカの応用社会心理学雑誌に発表されたシェリー・デリンスキの論文によると、美容整形を受けた人は、みな自信がついたり、堂々とした態度が身につくなど、好ましい変化が見られたという。

たしかに、親からもらった大切な顔にメスを入れることには抵抗があるかもしれないが、人生が好転することを考えたら、メリットのほうが大きいのではないかと思う。

内面を磨くことも大切だとは思うが、「きれいな心」というものは、他の人からは見えない。その点、「見た目が良い」ことは、他の人にもすぐにわかる。それに、ブサイクな人は、心も歪んでいることも多く、「きれいな心」をなかなか持つことができない。

凶悪犯の中には、顔だちが悪いために、他の人たちと仲良くできず、社会からつまはじきにされてしまう人が多いという事実がある。

そのため、アメリカの刑務所では、凶悪犯が出所するときに美容整形を受けさせるようにしたところ、再犯率がものすごく減少することが明らかになった。凶悪犯は、顔だちが悪いから犯罪に走るのであって、ハンサムな顔になれば、二度と犯罪を犯さなくなるのである。わざわざ犯罪などを犯さなくとも、自分の望んだとおりにうまくいくようになるので、犯罪を犯す必要性がなくなるのである。

「人間は顔じゃない」

「人間の価値は、心で決まる」

そんなのは、単なるきれいごとであり、戯言にすぎない。現実的に、顔だちが悪かったら、人付き合いもできないし、人生もうまくいかないのである。それにまた、外見をよくすると、それに伴って、心のほうもきれいになっていくものなのである。

外見がひどいままでは、他人を妬んだり、怒りっぽくなったり、とにかく内面のほうも悪くなってしまう。外見をよくすることには、多大なメリットがある。化粧でもいい、髪形やファッションでもいい。今すぐ外見を気にしよう。

名前を覚えるということは、相手を認めるということ

人の名前というのは、大変に覚えにくい。たとえ記憶力の良い人でも、なかなか覚えられないのが人名だ。

なぜ、人名が覚えにくいのかというと、基本的に人名というものは、「意味のない情報」だからである。これを〝無意味情報〟という。私たちは「意味のある情報」(これを有意味情報という)なら頭にすんなり入るのだが、無意味な情報だと記憶に残りにくいのだ。

とはいえ、相手の名前を覚えるのは、人付き合いのマナー。

「ええと、すみません、お名前は……」

などと、毎回、会うたびに相手に名前を尋ねていたら、相手だって気分がよかろうはずがない。名前を忘れられてしまうというのは、気分が悪いことなのである。

だれでも、自分の名前が好きである。ニューヨーク州立大学のベレット・ペルハムは、これを「暗黙のエゴディズム」と呼んでいる。

だから、**自分の名前を忘れてしまうような人間に対しては、自分がバカにされたように、自分を軽んじているように感じ、不快感を持つのである。「こちらの名前すら覚えてくれないヤツとは、付き合いたくもない」という気持ちになるのである。**

では、どうすればただでさえ覚えにくい人名を覚えることができるのかを考えてみよう。

そのためには、一気にまとめて、集中的に覚えようとするよりは、しばらく時間をかけるというか、分散的に記憶するのが最も記憶の定着率がよい。たとえば、覚えたい人の名前を次のように口ずさんで覚えようとしたとしよう。

①1日に8回ずつ、3日間口ずさむ
②1日に4回ずつ、6日間口ずさむ
③1日に2回ずつ、12日間口ずさむ

これらの3条件は、いずれも24回ずつ口ずさむ点では同じだが、③が一番記憶を強めることが明らかにされており、これを「ヨストの法則」という。どうせ同じ回数だけ人名を覚える努力をするのなら、1日あたりの記憶回数は少なくとも、長い日数をかけたほうが効果的なのだ。

繁盛している料亭や、お客が集まるホテルには、理由がある。

それは、「お客の名前を覚える」という、当たり前のことをきちんとやっているかどうかだ。お客の名前をすぐに覚える女将や、お客の名前をよく覚えるドアマンなどがいるところは、たいてい流行るのである。なぜなら、お客からしても、自分の名前を覚えてもらえることは嬉しいことだからだ。

ただでさえ覚えにくいのが、人名。

しかし、相手の名前をしっかり覚えることは、みなさんにとっても絶大なメリットをもたらしてくれるのではないかと思う。歴史の年表や、難読漢字などを覚えてもたいして役には立たないが、人名を記憶することは、ものすごく大きな利益をみなさんにもたらしてくれるであろう。そのためにはヨストの法則に基づいた記憶術が便利である。

口癖のように相手をほめる習慣をつける

イリノイ大学のジェフリー・パーカーは、小学校3年生から5年生までの子ども881名を対象にして、「どんな子ほど好かれるのか？」を調べてみたことがある。人気者になる子どもには、どんな共通点が見られたのであろうか。

パーカーによると、好かれる子どもにはある共通点があり、それは「ホメ上手」であるという。好かれる子どもは、他の子どものことを、「○○ちゃん、頭いい！」とか「○○ちゃん、その洋服カッコいい！」とホメまくる傾向があったのである。

どんな人に対しても、とりあえずホメてあげること。

たったこれだけを実践するだけで、みなさんがビックリするくらい好かれる人間になるであろう。ホメられて嬉しくない人間などはいないのだから。

よく「相手にホメるべき点が見つからなかったら、どうするんですか？」などと間の抜けた質問をしてくる人もいるが、相手にホメるべき点がなかったら、自分で探せばよい。「絶対にホメるところを探してやろう！」という意識があれば、ひとつでも、ふたつでも、ホメるべき点は見つかるものなのである。

ある学校の先生は、自分の受け持ちのクラス全員を1日1回はホメてあげよう、そしてそれを生徒とのやりとりに使う日誌に書いてあげよう、という気持ちを持つようにしたところ、それまでは気づかなかった子どもたちの「良いところ」がどんどん目に入ってくるようになったそうである。

私たちは、「相手をホメてやろう！」という意識があれば、自然に相手の良いところを探すようになり、結果として、ホメるべきポイントなど、いくらでも見つけることができるようになるのである。

ちなみに、これを心理学では「オートパイロット効果」と呼ぶ。自分が探そうとしているものは、飛行機の自動操縦（オートパイロット）が勝手に空を飛んでくれるように、自動的に探して見つけてくれるのだ。

「ホメるべき点がなければ、ホメてあげない」という意識でいると、いつまでも相手の良さを見つけることはできない。「絶対に見つけてやる」という意識を持つことが、ホメ上手になるための第一歩であるといえるであろう。

ちなみに、「相手をホメるとして、どんなホメ言葉をいってあげたらよいのですか？」という質問をされることもあるが、これもあまり気にしなくてよい。ホメ言葉というのは、何をいってあげるかが重要なのではなくて、ただいってあげることが重要だからである。

ユタ州立大学のジョン・セイターは、とあるヘアーサロンにおいて、やってきたお客にスタッフがお世辞をいうと、もらえるチップが増加することを明らかにした。

ただし、お世辞の内容を「髪がおキレイですね」と、「お客さまには、どんな髪型でも似合いますよ」という2種類のホメ言葉で比較したところ、どちらにも差がなかった。つまり、お世辞はいってあげることが重要なのであって、何をいってあげるかはどうでもよかったのだ。

いつでも人をホメてあげるという意識を持とう。出会う人すべてに、最低1回ずつはホメ言葉をいうんだ、という強い決意を持とう。そういう意識があれば、みなさんは絶対に人から好かれる人間になれる。

「見せたい自分」だけを見せる

何でもバカ正直に自分をさらけだすのは、本当のバカである。賢い人間は、相手に好ましいイメージを与える部分だけを選択的に見せるものだからだ。

黙っていればわからないのに、「僕は三流大学しか出ていないので……」とわざわざ自分から暴露する人がいる。ごく普通に会話をしているかぎりでは、ものすごく教養があり、知的な人間であることをアピールできるのに、わざわざ「三流大学卒」などと公言しているので、自分の株を下げてしまう人がいる。

とても清楚で、おしとやかに見える女性なのに、わざわざ自分から「私、元ヤン（不良）なんですよ」としゃべってしまう女性もいる。なぜ、そんなことをして自分の印象を悪くしてしまうのか、理解に苦しむ。

人に良い印象を与えたいのなら、「見せたい自分」だけを選択的に演出することである。タレントや女優の中にも、昔は不良だったり、おかしな髪型や服装をしていたりする人もいるのだろうが、そういうものはきれいに隠して、好感度をあげている。人は、見た目ですべて決まってしまうから、わざわざ余計なことを自分からいわなければ、何の問題もないのである。

オランダのユトレヒト大学のキャトリン・フィンケナウアーは、人間関係においては、昔のことなど黙っていたほうが、むしろお互いに円満でいられると指摘している。

フィンケナウアーの調査によれば、20年以上も結婚している仲良し夫婦においては、62%が、昔の秘密を告白することは、有益というより、むしろ危険だと感じられているという。

自分がかつて、何人くらいの恋人と付き合ってきたのかなどは、正直にいうより、隠していたほうがいい。たとえ相手に聞かれても、うまくはぐらかしていたほうが、仲良くいられるのである。

あけっぴろげに自分をさらけだすのは、正直者なのではなくて、ただのバカである。相手に自分がどう思われるのかをちょっとでも考えてみれば、そういう粗忽なことはしなくなるであろう。

日本という社会では、転職をくり返している人に対しては、「キャリアや経験豊富」というより、むしろ「ひとつのところで我慢できない、こらえ性のない人間」という目で見られやすい。

そういう当たり前の社会通念についての判断ができれば、何回も転職していることなど、黙っているのが賢明だということがわかるであろう。というより、そういう最低限度の判断力を持っていなければならない。

私は、学歴でいうと、慶應義塾大学社会学研究科博士課程卒であるし、現在は「大学の客員教授」という肩書もある。それなりに優秀そうなイメージを与えるので、切れ者の心理学者だと思われることが多い。本当のところは、性格的にとてもいいかげんで、ぐうたら者なのであるが、そういうことは、黙っていればだれにもわからずにすませられるのである。

「甘いもの」は、相手の心理を変える薬

人に会っているときには、パフェであるとか、ケーキであるとか、とにかく甘いものをどんどん勧めて、食べさせるようにするとよい。会社でコーヒーや紅茶を出すときには、ガムシロップやミルクを別々に出すのではなく、入れてしまったものを出すとよい。別々に出すと、使ってもらえない可能性のほうが高いからだ。

なぜ、相手に甘いものを摂取させるのか。

その理由は、相手に「甘い」ものを摂らせれば、みなさん自身に対しての評価や印象も「甘くなる」可能性が、グッと高まるからだ。

私たちは、甘いものを食べると、多幸感を得る。これは、人間なら、だれでもそうなのである。そして、幸せな気分になっている人は、他の人に対しても、そんなに悪い評価をしなくなる。

みなさんが、相手に甘いものを勧めれば、みなさん自身が「甘い評価」をしてもらえる

ようになるわけであり、これは非常に都合のいい作戦である。たとえ、みなさん自身の客観的な魅力や好感度が30点だったとしても、甘いものを口にした相手は、みなさんに対して50点、あるいは60点くらいをつけてくれるようになるかもしれない。

オーストリアにあるインスブルック大学のクリスティナ・サジョグロ一は、この事実を実験的に確認している。

サジョグロ一は、甘い砂糖水と、苦いリンドウの根のお茶を使って、砂糖水を飲ませたときのほうが、人の評価も甘くなることを確認した。苦い飲み物を飲ませると、「敵意」や「攻撃性」が高まるのに対して、甘い飲み物を飲ませると、「優しさ」が高まったのである。さらにサジョグロ一は、つづく実験で、酸っぱいグレープフルーツを飲ませると、人の評価も厳しくなることを突き止めている。

人に会っているとき、苦いブラックコーヒーなどは、極力飲ませないほうがいい、ということがこの実験から明らかであろう。

苦いものを口にさせていると、不必要に相手に敵対心などを抱かせてしまい、みなさんに対しても厳しい態度をとってくる危険性が高まる。

その点、甘いものを摂らせるようにすれば、相手は幸福感に包まれ、みなさんに対しても、非常に柔らかな態度をとってくれるようになる。

昔から、ビジネスシーンでは、訪問先の会社に水菓子やシュークリームなどの「甘いもの」をお土産に持っていくのが定番であるが、あれは心理学的にも理にかなっている。持っていったお土産を一緒に食べれば、険悪なムードになど、なりようがないのだから。

相手に甘いものをお土産に持っていくのは、ちょっとした出費になるかもしれないが、そんな出費は簡単に取り返せるほど、多大な恩恵が返ってくる。こういうところでモノを惜しまないことが、人付き合いのコツだといえるであろう。

飲み物は、「アイス」より「ホット」が有効

相手には、できるだけ「甘いもの」を摂らせろ、というアドバイスをしたが、さらにひとつ付け加えたい。それは、「アイス」よりも「ホット」のほうがいい、という法則である。

アイスの飲み物を手に取ると、当然、手に冷たさを感じる。口にすれば、身体にも冷たさを感じる。

ところで、日本語では「冷たい」という言葉は、特に性格や人柄を指すときには、マイ

ナスの意味を持つ。人に対する思いやりに欠け、冷徹で、酷薄な心を持った人。そういう人が「冷たい」人である。

不思議なことに、私たちは、物理的に身体に冷たさを感じていると、性格もその影響を受けてしまい、「冷たい人間」になってしまう、という事実がすでに科学的な研究で明らかにされている。

だから、相手にアイスの飲み物などは、飲ませないほうがいいといえるのだ。

自分に対して、好意的、受容的な評価を相手にしてもらいたいと思うのなら、相手に飲ませるのは「ホット」のほうがいい。

温かな飲み物を口にさせれば、相手の性格も「温かく」なり、みなさん自身も好意的に評価してもらえる可能性が飛躍的に高まるのだから。

科学雑誌『サイエンス』に2008年に発表された面白い論文をご紹介しよう。

コロラド大学のローレンス・ウィリアムズという心理学者は、実験にやってきた参加者に対して、「私があなたの名前などを書類に記入している間、私のコーヒーを代わりに持っていてもらえませんか？」と頼んでから、アイスコーヒーか、あるいはホットコーヒーを手で持っていてもらった。それから、コーヒーを返してもらい、「Aさん」という人物に対するプロフィールを読ませ、その印象を尋ねてみた。

すると、アイスコーヒーを直前に持たされた人は、Aさんに対して否定的な評価をし、ホットコーヒーを持たされた人は、Aさんに対して肯定的な評価をしたのである。

もちろん、Aさんに関するプロフィールは、どちらのグループでも同一のものであった。にもかかわらず、アイスコーヒーを持った人は、Aさんを悪く評価し、ホットコーヒーを持った人は、Aさんを好ましく評価したのである。

私たちが、他の人に感じる印象や評価などというものは、固定的なものではなく、流動的で、簡単に影響されてしまうものだ、ということがウィリアムズの研究から明らかにされたといえる。

どんなに性格が良い人でも、もし相手にアイスの飲み物を飲ませていたら、悪く評価されてしまう危険性がある。冷たいものを手に持ったり、口にした人は、「冷たく」なってしまうものだからだ。

人に飲ませるものは、できるだけ温かいものがよい。

そうすれば、相手からの評価も、温かなものになるであろう。

「でも内藤先生、夏場だとアイスのほうが喜ばれるのではないでしょうか?」

と思う人がいるかもしれない。

たしかにその通りだ。そのため、2段階の作戦をとろう。

たとえば遠いところから、暑い中を訪問してくれた相手などに対しては、まず冷たい麦茶などを出して飲んでもらい、しばらくして気分を落ち着かせたところで、温かなお茶を出す、という二段構えの作戦をとればよい。もちろん、肝心の仕事の話などをするのは、ホットの飲み物を出した後だ。

関係を深めたかったら、とりあえず何かを贈っておく

性格的にケチな人は、人間関係がうまくいかない。

これは、昔もそうであったし、今でもそうである。おそらくは今後も変わることのない不変の真理であろう。

人にモノを贈るのが好きで、実際に頻繁に贈り物をしている人で、嫌われている人はいないのではないかと思う。たとえちょっとした贈り物でも、もらえれば何でも嬉しいのであって、そういう嬉しさをプレゼントできる人は、嫌われるはずがないのだ。

お中元にしろ、お歳暮にしろ、年賀状にしろ、何であれ、「人にモノを贈る」というのは、とても重要な儀式。

アメリカ・インディアンには、昔からの習慣として、「ポトラッチ」という儀式がある。普段はケチケチしていても、何か事があったときには、みんなに大盤振る舞いするのである。派手なポトラッチをすれば、「あいつは大物だ」と尊敬されるというのだ。

オランダ・ユトレヒト大学のアーク・コンターによると、「贈り物」は、お互いの感情的な結びつきを強める効果があり、贈り物をすればするほど、その人の関係が深まっていくのだそうである。

みなさんが、太っ腹に贈り物をどんどん贈るようにすれば、みなさんのファンも、それに比例してどんどん増えていく。

ただし、ここでひとつ注意点がある。

それは、相手に「見返り」を求めないということである。コンターによると、「見返り」を求めた瞬間に、それはもう商行為と同じようなものになってしまって、人間的な結びつきを強める効果が失われてしまうらしい。

「見返り」を求めるというのは、とてもさもしい行為であるし、そんなことをすると、相手をかえって不快にさせてしまう。**本当は、見返りがほしいのだとしても、そんなものは少しもほしくはない、というやせ我慢の心を持つことが大切だ。**

女の子に贈り物をするときもそうで、純粋な気持ちで贈り物をするのなら女の子も喜んでくれるだろうが、「贈り物をしたんだから、デートをしてくれ」とか「セックスさせてくれ」という雰囲気をちょっとでも出した瞬間に、女の子は逃げていく。

ビジネスでも、「これだけ贈り物をしたんだから、契約してください」などと口に出そうものなら、相手に眉を顰められてしまうはずである。

贈り物をするのは、人付き合いのコツであるとはいえ、純粋な好意のあらわれ、として贈り物をする必要がある。見返りを求めると、計算高くて嫌なヤツ、という印象しかもたれないので、注意しよう。

「それでは、贈るだけ、自分がソンをしてしまうではないか！」と思う人がいるかもしれないが、ちょっとでもそう思うのなら、贈り物をするのはやめておいたほうがいい。相手が喜んでくれることだけを純粋に考えて、自分がソンをするくらいはへっちゃら、というやせ我慢ができる人だけ、このテクニックを実行すればよいであろう。

おごるときは、「自腹を切る」が鉄則

古舘伊知郎さんは、テレビ朝日に入社してアナウンサーをしていた頃、同期の中では、

一番奢る人間だったそうである。同期で入社したのであれば、もらっている給料にもそんなに差があるわけではない。にもかかわらず、古館さんは喜んで同僚たちに奢ってあげるようなタイプだったという。

人に好かれる人は、奢るのを楽しめる人だ。自分がソンをしたとか、そういう気持ちもなく、太っ腹なところを見せられる人は、だれからも好かれるのである。

上司もそうで、自分の財布から部下に奢っているような人は、部下からの評価もよい。そういう上司のもとでなら、部下も本気で頑張ってくれる。

奢るときのポイントは、とにかく自腹を切ること。

会社の経費でいくら飲み食いさせても、部下は恩を感じることはない。なぜなら、「どうせ会社の金なんだろ」という意識があるからである。これでは上司に感謝する気持ちなど生まれようがない。

家庭を持ち、子どもが生まれると、世の中のお父さんたちはお小遣いが厳しくなる。そんな中で、人に奢るというのは、ものすごく大変なことであることもわかる。しかし、それでも人に奢ることができるようになれば、みなさんはどんどん人脈を広げることができるであろう。

自分にかけるお金を削ってでも、人に奢るためにお金をかけられる人は、人間としての器が大きい。たいていの人は、自分にはたくさんのお金をかけるくせに、他の人に対しては、一円すら惜しむ人ばかりである。

自分のお金で奢ることができる人は、それだけ人気者になれる。

ハワイ大学のブレイク・ヘンドリクソンは、お酒を一杯、奢るかどうかでもその人の印象がずいぶん変わってくることを確認している。

お酒一杯くらいなら、出費はわずか数百円。

けれども、奢られた相手には、ものすごく好印象を持ってもらえるのである。

ただし、ヘンドリクソンは、奢るときには「下心」があってはならない、ということも確認している。先ほど、「贈り物をするのなら、見返りは求めるな」というアドバイスをしたが、人に奢るときにも、さもしい「下心」は持たないほうがよさそうである。

部下に奢ってあげれば、上司としての自分の評価が高くなるだろうとか、部下が仕事を頑張ってくれるだろうとか、そういう下心を持って奢るのは、よくない。それでは、奢られたほうも嬉しくないのである。

人に奢るときには、自分の財布から、しかも下心などは微塵も持たずに奢ってあげることが重要であるといえる。

また、奢るときには、できるだけ「二人きり」のほうがいいということも覚えておこう。何人もの部下を連れて食事にいったりすると、出費ばかりがかさむのに、部下からの感謝は薄くなるからである。部下を何人も連れていくと、「奢ってもらったのは、自分一人ではない」という気持ちが生じ、感謝の気持ちも分散してしまうのだ。

どうせ奢るのなら、二人きりのほうがいい。そのほうが、相手も感謝の度合いが大きくなるし、そんなにお金をかけずにすむ。

応用編

応用編

4章
いらないモノさえ、買わせてしまう心理術

わざと手間をかけさせて、のめりこませる

お客の心理からいえば、なるべく「手間のかからない」商品やサービスのほうが望ましいように思えなくもない。

しかし、その〝逆〟をすることで売り上げを伸ばせることも少なくはない。

アメリカの深層心理学者アーネスト・ディヒターは、ゼネラルミルズ社から、ケーキミックスの売り上げ改善の依頼を受けた。そして、ただそのまま焼けば簡単にできてしまうケーキミックスに、さらにもうひと手間、卵を加えてかき混ぜる、という行程を増やすようにアドバイスした。

主婦からすれば、簡単に作れたほうがよさそうにも思えるのだが、それでは主婦は面白くないだろうし、満足しない。けれども、自分で卵を加えてかき混ぜるという行程を経ることによって、「このケーキミックスは、私が作ったのよ！」という気持ちになり、満足感も高まるだろう、とディヒターは予想したのであった。

事実、この予想は大当たりで、ゼネラルミルズ社のケーキミックスは大売れに売れたといわれている（デビッド・ルイス、『買いたがる脳　なぜ、「それ」を選んでしまうのか』日本実業出版社）。

たいていの商品やサービスは、手間がかからないことをウリにしているものが多いのだが、あえて〝逆張り〟の発想をしてみるのはどうだろうか。そういう手間をかけさせることによって、お客はさらに商品やサービスに愛着を感じるようになるかもしれない。

ＤＩＹの関連商品が売れているのも、「できあがった商品をそのまま買ってくるより、少しは手間をかけて、自分で作ってみたい」という気持ちがお客にあるからだ。

デパートやホームセンターで、出来上がった商品を買ってくるのは、たしかにラクではあるものの、それでは少しも面白くないのである。

プラモデルや、ラジコンなどのキット商品もそう。自分で作る楽しみがあるから面白いのであって、すっかりできあがった完成品を購入するだけでは、面白くもなんともないのだ。

バレンタインのチョコレートも、既存の商品を買ってくるより、自分で作ってみたい、という気持ちがあるからこそ、手作り用のチョコやラッピングなどが売れるのだろう。普通の市販のチョコも売れているが、手作り用のコーナーも人気があるのは、「作りたい」というお客の本能を刺激するからだ。

もしみなさんが売っている商品やサービスが、いまいち伸び悩んでいるのだとしたら、それはあまりにもユーザーフレンドリーすぎるのではないか、と疑ってみるとよい。お客はラクをしたいという気持ちがあるものの、「ラクすぎる」のは嫌なのである。ちょっとは自分で手間をかけてみたいのである。

出来合いのアロマ商品もいいが、お客に自分で原料を混ぜ合わせ、好みの香りをブレンドさせてあげたほうが、お客も喜んで買ってくれる。そういう人間の心理を踏まえれば、あまりにユーザーフレンドリーすぎる商品はダメだ、ということも理解できるのではないかと思われる。

こっそりと商品を変えても、客は気がつかない

どんな料理にも使える便利な調味料に、味の素というのがある。かつて、味の素では、どうすれば消費者がもっとたくさん味の素を使ってくれるのかを考えていたが、ある人物が、「内蓋の穴を大きくしてみるのはどうでしょうか？」と提案し、それを実行したところ、売り上げを大幅に伸ばすことができたという。

内蓋の穴が大きくなれば、当然、出てくる味の素も増えるわけで、そのぶん消費されるのも早くなる。こうして、味の素はこっそりと穴の大きさを変えることで、売り上げを伸

ばしたのである。しかも、その変化にはだれも気づかなかった。

同じようなことを考える人は、他にもいて、アメリカでは50年以上も前に、ある一人の男性が歯磨き粉メーカーを訪れ、「私に10万ドルをくれれば、売り上げを40％伸ばせる」と豪語したことがある。

メーカーの開発部はとても悩んだが、そんな魔法の方法があるのならと、やむなく代金を支払った。そのとき、男性から受け取った紙に書かれていたのは、「チューブの口を大きくせよ」という一文だったという。

メーカーが実際、男性のアドバイス通りに、チューブの口を5ミリから6ミリに変えたところ、出てくる歯磨き粉の量が40％増加し、消費者は以前よりも早く使い切ってしまうので、売り上げは伸びた。しかも、消費者にはまったく気づかれず、何のクレームもこなかったといわれている。

メーカーにとって、都合よく商品を変えたりすると、お客にバレてしまうのではないか、と思われるかもしれないが、微妙な変化であれば、そういうことにはならないのである。

心理学には、「ウェーバー・フェヒナーの法則」というのがあって、人間が変化を知覚するためには、かなりの変化量が必要なことが知られているからである。横幅120

センチの机を、118センチにしても、通常は気づかれない。150グラムのお肉を、138グラムにしても、やはりお客に気づかれたり、怒られたりすることはない。「うん？　ちょっと変わったかな？」と感じさせるには、かなりの変化が必要である。

もちろん、原材料の内容表示に「150グラム」と記載しておきながら、「138グラム」しかなければ立派な詐欺になってしまう。

したがって、私もそういうあくどいやり方をおススメしているわけではない。**あくまでも、合法的なやり方で、それでもお客に気づかれずに売り上げを伸ばす方法を考えてほしい**と思っている。

また、たいていの変化にお客は気づきにくいとは述べたものの、「価格」に関しては話は別である。

フランスにあるブルターニュ大学の研究者は、「1・99フラン」のパンケーキを買ってほしいとお願いすると200人中118人が買ってくれた（59・0％）のだが、「2・00フラン」にしたら、200人中91人しか買ってくれなくなった（45・5％）という結果を報告している。わずか、100分の1（0・01）フランの違いでも、桁がひとつ違ってくると、相手に与える心理的効果も変わってしまうのだ。

1980円の商品が、2000円に値上げしようとすると、たった20円の値上げにもかかわらず、お客はそういう心理にはシビアに反応するのである。

「恐怖」は、セールスの最強の武器

かつては、手術用の消毒薬として、せいぜい外科のお医者さんにしか買ってもらえなかったのに、今ではごく普通の人にまで売れている商品がある。リステリンだ。なぜリステリンが売れているのかというと、それまでは認識もされていなかった「口臭」という問題を顕在化させたからである。

「口が臭いと嫌われちゃいますよ」
「口が臭いと、恋人もできませんよ」
「口の中を清潔にしておかないと、大変な病気になりますよ」

そういう〝恐怖〟を顕在化させることによって、口臭関連商品が売れるようになったのである。私たちは、恐怖を避けるためなら、何でもするからだ。

わざと恐怖を感じさせ、それを回避するためのメッセージを訴えるやり方を、心理学では「恐怖アピール」と呼んでいる。これは、ものすごく効果的なやり方であることが確認されている。

米国アラバマ州にあるオーバーン大学のマイケル・レイチャーは、女性にショットガンの広告を見せるとき、「暴漢に襲われたとき、警察は間に合いません。自分で自分のことを守るしかないのです」という恐怖アピールをすると、購入したいという意図が高まることを確認している。

恐怖アピールというのは、いろいろな場面で使われており、たとえば、親が子どもを躾けるときにも、塾の先生なども、無意識のうちに使っていることが多い。

「一流大学を卒業しないと、お前の人生は終わり」

「立派な学歴がないと、結婚もできない」

そのようにアピールして子どもに勉強をさせようとするのであれば、これも恐怖アピールである。


恐怖を感じさせると、人は簡単に動いてくれる。


詐欺師は、その心理をよく知っているので、「あなたには水子の霊がついているので、この聖水を購入して飲まないと、不幸な目に遭う」などといってインチキな商品を売りつけている。

「〇〇の商品を使えば、ガンも治る！」といった怪しげな商品が売れるのも、私たちはだれでも死にたくないという恐怖があって、それを避けるためなら何でもしようとしてしまうからである。

恐怖に訴えるやり方は、きわめて効果的なビジネス手法である。

もちろん、ヤクザがやるように暴力に訴えるような恐怖であってはならないのだが、リステリンが「口臭」という恐怖を顕在化させて売り上げを伸ばしたようなことは、他の商品でもできるのではないかと思う。

タテは「イエス」、ヨコは「ノー」を導く

私たちは、「イエス」というサインを示すために、頭を垂直方向に、つまり「タテ」に動かす。また、「ノー」というサインを示すために、頭を横方向に、つまり「ヨコ」に動かす。

そのためなのかどうかはわからないが、頭をタテに何度も動かしていると、私たちは、どんどん「イエス」の方向に心が動かされてしまう。

ドイツにあるヴュルツブルク大学イェンス・フォスターは、定番商品をコンピュータ上

で、水平方向にクリックして動かすか、それとも垂直方向に動かすかの実験をした。

商品を目線で追うためには、首をタテに振る（うなずかされる）ことになっていた条件では、商品に好感を持ち、購入する確率も高かった。何度も首をタテに動かしていると、商品に対しても好意的な評価をするようになってしまったのである。

ところが、横に画面がスクロールする条件では、どうだったのか。

こちらのグループでは、首をヨコに振る必要があり、首をヨコにするのは「ノー」の動きである。当然、こちらのグループでは、商品に対する評価が低く、購入しようとしなかった。

話法のひとつに、〝イエス・イエス法〟と呼ばれるテクニックがある。

無関係な質問を何度もくり返し、相手に「はい、はい」と答えさせ、首をタテに振らせておいてから、最後に「この商品を買ってくれますか？」とお願いすると、それに対しても「はい」と答えてしまう、という話法である。

とにかく、お客の首をタテに振らせるようにすれば、無意識のうちに、お客の心を「イエス状態」にすることが可能なのである。とても怖い話であるが、事実である。

似たような実験を、もうひとつご紹介しよう。

カリフォルニア州立大学のガイル・トムは、ヘッドフォン商品に関する調査として、

158名の大学生にCDを聞いてもらった。

ただし、半分のグループには、「このヘッドフォンはサイクリング用に設計されたものですから、首をヨコに振りながら聞いてください」とお願いした。つまり、首をヨコに振るようにうまく誘導したのである。

残りのグループには、「このヘッドフォンはジョギング用に設計されたので、首をタテに振りながら聞いてください」とお願いした。こちらは、首をタテに振らせるように誘導するグループであった。

最後に、このヘッドフォンを好むかどうかを尋ねたところ、首をヨコに振らされたグループでは、46・6%しか好まなかった。首をヨコに振るのは「ノー」の動きであるから、否定的だったのである。ところが、首をタテに振らされたグループでは、69・6%がこのヘッドフォンを好んだという。こちらのグループは、知らず知らずのうちに、ヘッドフォンに好意を抱かせられたのである。

孫がおじいちゃんの肩でも揉んであげながら、首をタテに振らせ、「お願い、○○買ってよ～」とお願いすれば、「よしよし、わかった！」とうなずいてもらえる可能性は、とても高くなる。ただ、同じことをクライアントにやっても同じように効果があるのかどうかは、私も試していないのでよくわからない。

コンビニや書店に、買い物かごが置かれるようになった秘密

先ほど、首をタテに振らせるようにすると、相手は無意識のうちに一種の催眠状態というか、イエス状態に陥って、商品を買ってくれるだろうという話をした。

では、他の動きについてはどうなのかというと、同じような効果をあげる動きはまだある。

私たちにとって、両手を胸元に引き寄せるような動作は、受容や好意につながりやすく、逆に、両手を前に伸ばして突き出すような動作は、拒否につながりやすい。

オランダにあるエラスムス大学経営大学院のブラム・ファン・デン・ベルフは、買い物カゴを持っている人は、腕を曲げているのだから、受容的な気持ちが強まり、逆に、カートを押している人は、腕を伸ばして拒否的なしぐさをとっているのだから、否定的な気持ちが強まるのではないか、という仮説を立てた。

そして実際に、136名の買い物客をつかまえて、買い物カゴを持っている人と、カートを押している人が持っている商品を見せてもらった。

すると、買い物カゴを持っている人のほうが、チョコレートなどの幸福感を得られる商

品をたくさん買っている確率が高かったという。

買い物カゴを持って、腕を曲げていると、私たちは自分でも知らないうちに受容的な気持ちになってしまうのである。

最近、大きな書店では、小さな買い物カゴを入口に設置してあるところが多くなってきた。これは、心理学的にいっても、非常によいことである。なぜなら、買い物カゴを持たせていれば、買い物カゴを持っていないお客よりも、たくさんの本を買ってくれる可能性が高くなるだろう、と予測されるからだ。出版業界に生きている私にとっては、まことにありがたい。

コンビニで買い物をしている人を観察していると、買い物カゴを手に取ってしまったお客のほうが、たくさんの商品を衝動買いしているような印象がある。私も、実際に声をかけて確認しているわけではないのだが、そのお客ももともとはそんなにたくさんの商品を買うつもりではなかったにもかかわらず、「買い物カゴを持ってしまった」ということが、たくさんの商品を買うことにつながったのではないか、と私はにらんでいる。

スーパーでも、デパートでも、店員さんには、どんどんお客に買い物カゴを持たせなさい、という指導をすれば、売り上げは伸びるであろう。

「どうぞ、どうぞ」と買い物カゴを持たせることができれば、そのお客さんは、もともと買いたかった商品だけでなく、ついでに余分なものまでカゴに放り込んでくれるかもしれないからである。

衝動買いを誘う、女性店員のセクシーなコスチューム

私たちは、ちょっぴりエッチな気分になると、ハイリスクな判断が増えることが知られている。

普段は冷静な判断ができる人でも、ムラムラした気分になると、「よし勝負だ！」という気持ちになってしまうのである。

パチンコやスロット屋さんでは、女性の店員のコスチュームをとてもセクシーにしてあるところがある。ゲームセンターのような場所でも、女性の店員のコスチュームがセクシーなところがある。

おそらくは、男性客のための〝目の保養〟としてそういう制服を採用しているのであろうが、心理学的にいっても、これはお客の財布の紐をゆるませ、どんどん勝負させるのに役立っているだろうと推測できる。ムラムラした人は、「よし、あと1万円だけ勝負して

みるかな」という気持ちになりやすいのである。

マサチューセッツ工科大学のダン・アリエリーは、男子大学生に絶頂感寸前までマスターベーションさせながら、あれこれと判断を要する質問をぶつけてみた。たとえば、「コンドームなしでセックスするか？」といった質問である。

すると、絶頂寸前で我慢させられた男子学生ほど、ハイリスクな判断が増えたのである。ここから考えると、男性は、セクシーな女性などを見てムラムラすると、冷静な判断力を失って、いらないものまで衝動買いするのではないか、という仮説まで思いつく。

そういえば、最近ではセクシー居酒屋などというものもあり、居酒屋ではあるのだが、女性店員がセクシーな恰好をしているところもある。おそらくは、そういう居酒屋では、ムラムラした男性客が、いつも以上にたくさんの食べ物や飲み物を注文してくれるはずである。

マーケティングの世界では、「セクシャル・マーケティング」という言葉があって、セクシーな水着の女性などを広告に使うと、それだけで売り上げが伸びることが知られている。

カナダにあるブリティッシュ・コロンビア大学のダレン・ダールは、腕時計の印刷広告を実験的に作って、セクシャルな写真を用いた広告のほうが、ニュートラルな広告よりも好まれることを確認している。

ただし、ダールによるとこれには性差もあって、男性はセクシャルな広告が好きなのだが、女性は嫌うらしい。女性は、男性と違って、むやみに興奮させるような対象には嫌悪するのである。

そういえば、風俗産業といえば、たいていは男性客がメインであって、女性客をターゲットにした風俗産業というものは、あまりない。あるのかもしれないが、男性客をターゲットにしたものが圧倒的である。

男性は、ムラムラすると通常の判断力を失って、おかしな行動をとってしまうことが少なくない。その点、女性のほうが賢いといえる。

「赤」は、欲望をかきたてる色

広告のチラシなどを見ると、大きな赤字で線が引かれていたり、価格が丸で囲まれていたりすることが多い。

あれは、他の色ではダメなのであり、赤色であるから効果がある。

もともと赤は目立つ色なので、私たちは本能的に赤色を見ると、それに注目してしまうのだ。広告は目立たなければ意味がないから、赤色を使うことは理にかなっているといえる。

心理学的にも、赤色は「売れる色」のひとつとして知られている。

フロリダ州立大学のマリー・ゲレンドは、性感染症のためにワクチン接種を受けよう、というメッセージの広告を作るとき、パンフレットのワクチンの写真を赤色の枠で囲んだものと、灰色の枠で囲んだものの2種類を作成して、比較してみた。

すると、やはり赤色を使っている広告のほうが、「ワクチンを接種したい」という気持ちが高まることが確認された。

また、オックスフォード大学のナンシー・プッチネリによると、赤字で印刷されたトースターや電子レンジなどのチラシを見ると、黒字のチラシに比べて割安だと感じる人が多くなるという（ただし男性のみ）。

コカ・コーラの色といえば、「赤色」であるが、もしコーラが赤色でなかったとしたら、世界中で飲まれるほどの人気になったのかどうかは微妙なところだ。コーラはやはり赤でなくてはならない。

食べ物でも、赤色というのは、食欲をそそる色である。

お腹など空いていなくとも、赤色を見ていると、なんだかお腹が空いてきたように感じてしまう。だから、飲食店のメニューにも、赤色はふんだんに使われているのであろう。「もっと食べてほしい」というときにも、赤色は効果的な色なのだ。

ついでにいうと、赤色は、お客の回転率を上げる色でもある。

なぜ結婚式場の絨毯は赤いのか。それには、ちゃんとした理由がある。赤色はおめでたい色ではあるが、それだけではなく、赤色を見せていると、早く帰ってくれるからである。新婚カップルは、結婚式の余韻に浸ってついうっとりして帰ってくれない。それでは式場としては非常に困る。次の結婚式も控えているのだから、なるべく早く帰ってほしい。だから赤い絨毯なのだ。

赤色というのは、目立つ色ではあるものの、しばらく見ていると疲れてきてしまい、「もう、いいや」という気分にさせる色でもあるのだ。

ラブホテルの中にも、赤色が多く使われているのは、用が済んだらさっさとお客さんに帰ってもらって、部屋の回転率を上げる作戦であろう。

匂いは、無意識のうちに客のイメージを操る

私たちは、良い香りが大好きである。どんなに微妙でも、不潔な匂いのするお店にお客は集まらない。また、どんなに微妙でも、良い香りのするお店のほうが、はるかにお客からのウケはよくなる。

ワシントン州立大学のエリック・スパンゲンバーグは、実験的にスーパーのようなお店を作り、店内にラベンダー、シナモン、レモンなどの香りを振りまいてみた。それから、そのお店で参加者に買い物をしてもらったのだが、みなお店に対して高い評価をしてくれた。

次に、スパンゲンバーグは、店内の香りを除去してから、別のグループに買い物をさせてみた。品ぞろえなどはまったく変えていない。にもかかわらず、今度のグループからのお店の評価は、きわめて厳しいものになってしまったという。

「あ、このお店はすごくいい香りがするな」ということは、お客の滞在時間を延ばし、お店に対する評価を良くさせる効果があるのである。

また、こんな実験もある。

ベルギーのハッセルト大学のリーバ・ドゥースの研究グループによると、チョコレート

の香りは書籍販売にも効果があるというのだ。

ドゥースの研究グループは、10日間、本屋さんの営業時間の半分でチョコレートの香りを流してみた。わずかな香りですぐには気づかない程度だったが、来店客の滞在時間や手に取る冊数、購入冊数は増えた。ジャンルでいうと、恋愛小説、食品、飲み物などの本が40％も増加したそうである。

売る商品が何であれ、良い香りがするものは売り上げを高める効果がある。

ウナギ屋さんであるとか、焼肉屋さんであれば、普通に食欲をそそる香りを出すことができるのだが、本屋さんのように、基本的には香りのしない場所では、人工的に香りを演出する必要があるだろう。そういう工夫をすれば、売り上げは今まで以上に伸びる。

最近の中古車は、わざと「新車のにおい」を車内に振りまいている。

なぜそんなことをしているのかといえば、もちろん、中古車の売り上げを伸ばすためだ。中古車を見に来たお客は、「あれっ、新車のにおいだ」ということに騙されて、その車がまるで新車同然のように感じてしまうのである。

レモンやラベンダーなどの香りでも、同じように中古車は売れると思うのだが、やはり中古車には「新車のにおい」のほうが適当であろう。

人が好む香りには個人差があるし、自分には心地よく感じても、相手にはそう感じられないことがあるかもしれない。そのため、**香りを使うとしても、微かな香りであればよく、大量に使ってはならない。**

女性の香水と一緒で、あまりに香りがキツすぎると、今度はかえって印象が悪くなってしまうことがあることにも注意しよう。

店に流れるBGMにも隠された意図がある

スーパーなどでは、陽気なBGMが流れていることが多い。買い物をしていると、ついついフレーズを口ずさんでしまうこともある。心をウキウキさせて、お客の購買意欲を刺激するという作戦であろう。

私たちは、ちょっと大きな音でBGMを聞いていると、無意識のうちに行動が促進されるようである。

フランスのブルターニュ大学のニコラス・ゲーガンは、2つのバーの経営者にお願いし、どちらのお店でも同じBGMを流させてもらった。ただしひとつのバーでは88dBの音量で、もうひとつのバーでは72dBの音量である。

さて、バーにやってきた120名の男女のお客が注文したドリンクの杯数を調べてみると、88dBのお店では平均3・7杯であり、72dBのお店では平均2・6杯であった。つまり、ちょっと大きな音でBGMをかけていたほうが、お客も興奮し、たくさん飲んでしまったのだ。

スーパーで買い物を促進させたり、バーでたくさんのドリンクを注文させたいのであれば、早いテンポで、やや大きめのBGMを流せばよい。そうすれば、思い通りの効果をあげることができるであろう。

BGMはまた、「お店のイメージ」をよくするための戦略としても利用できる。

もちろん、それぞれのお店に合ったBGMを選択することが重要であるが。

英国レスター大学のエイドリアン・ノースは、ある銀行で3週間にわたって実験をさせてもらうことにした。曜日によって、クラシック、ポップス、BGMなし、という条件で営業してもらい、銀行にやってきた人を出口でつかまえて、その銀行に対するイメージを聞かせてもらったのである。

その結果、**クラシックを流していたときに、お客は「神聖な感じ」を覚えて、銀行に対して好意的な評価をした**のである。

銀行という場所は、もともと静かな場所であるからクラシックがふさわしかったのだと思うが、どんな業種で、どんなサービスをするのかによって、選ぶべきＢＧＭはいろいろと変わってくる。

お客の中には、「ＢＧＭなどは、ただうるさいだけだ。まったく音などいらないよ」という人もいるかもしれないが、基本的には少数派。多くの人には、ＢＧＭがあったほうが喜ばれるものである。

「いいものは高い」を利用して、あえて価格を高く設定する

私たちの頭の中には、「高いもの」イコール「高品質」、「安いもの」イコール「質の悪いもの」というイメージがある。価格の高い商品に悪いものはないし、安い商品には、安いだけの理由がちゃんとあるに決まっている、と私たちの脳みそは判断する。

そのため、価格が高いという、ただそれだけで私たちは「いいもの」だと勘違いして、それを買っていく。

宝石類などがまさにその典型で、ダイヤモンドなどは、価格が安いとかえって売れなくなるという。最高品質のダイヤでさえ、価格が安ければ、まがい物だと思われてしまうか

らである。

ブランド品もそうである。

たいていのブランド品は、価格が高く設定されているが、あれにも理由がある。ブランド品は、「安いと売れない」という困った事実があるのだ。

飲み物にしろ、洋服にしろ、〝ほんのちょっと価格を高くする〟というのは、悪くない戦略である。価格を高くすると、「質がいいんだろうな」「他の類似品とは、ちょっと違うんだろうな」と消費者は思い込んでくれるからだ。

消費者というのは、「思い込み」で買い物をする。

だから、良い思い込みを強化してもらうためにも、高価格設定をするのは悪いことではないのだ。

スタンフォード大学のバーバ・シブは、1・89ドルという値札のついたエネルギードリンクと、0・89ドルという値札のついたエネルギードリンクを飲ませ、「このドリンクを飲むと、頭がよくなるんですよ」と伝えてみた。

そして実際にワード・パズルを解かせてみたところ、高いドリンクを飲んだと思い込まされたグループでは平均9・7個のパズルを解いたのに、安いドリンクを飲んだと思い込まされたグループでは、平均6・75個しか解けなかったという。

ドリンク類は、高ければ高いほど、「キク」という思い込みを強化できる。イチローも愛飲していることで有名なユンケルなどは、一本何千円もするもののほうが、なんだかご利益があるように感じられてしまうのは、そのためだ。

現代では、いろいろな情報があふれかえっていて、消費者はもう情報を処理しきれなくなってきている。そんな消費者が判断する手がかりは、価格だけ、ということも多い。だから価格を高く設定しておくだけで、「いいものがほしい」という消費者は、手を伸ばしてくれるのである。

良心的なメーカーなどは、消費者のためにできるだけ価格を安く設定しようとするかもしれないが、そんなことをすると、かえって売れにくくなるという皮肉な結果になる。価格は、できるだけ高く設定したほうがいいのだ。

応用編 5章

職場の人間関係をソツなくこなす心理術

「1回叱ったら、4回ホメる」のバランス

最近は、物わかりがいいというか、物わかりがよすぎるというか、部下に甘すぎる上司が目立つようになってきた。

そういう上司の元では、部下は何をしても許されると勘違いし、上司のいうことに従わなくなる。いい顔ばかり見せていると、部下は上司のことを上司だなどと思わず、ナメきった態度をとるようになる。これでは上司としての威厳も何もあったものではない。

「叱ったりしては、部下が会社を辞めてしまうのでは？」

「パワハラだと訴えられてしまうのでは？」

そう思って、怒るのをためらっていたら、ますます部下はつけあがっていく。

必要なら、部下には大声を出して怒鳴ってもいい。

というより、たまには本気で叱ってやらないと、上司と部下の関係がはっきりしなくなる。ビジネスにおいては、組織の序列は絶対なのであって、それをきちんと理解させるためにも、叱ることをためらってはならない。

では、いつでも怒鳴りまくっていればいいのかというと、それも違う。

叱ってばかりでは部下も腐ってしまう。いつでも怒鳴られるばかりで、いっさいホメて

もらえないのでは、部下だって仕事のやる気をなくしてしまう。

では、どういうさじ加減が理想なのかというと、それは4対1。

これは、ワシントン大学のジョン・ゴットマン教授による何年にもわたる研究によってはじき出された〝魔法の比率〟である。

上司と部下の関係において、好ましい関係を築くためには、部下を1回叱ったら、4回ホメるようにすればいい、というのがゴットマン教授の明らかにした比率だ。

1回くらい叱っても、それだけでは破滅的な関係にはならない。その後で4回のホメ言葉があれば、部下も不満に思ったりはしないのだ。

ちなみに、ゴットマン教授によると、同僚との関係においては、この比率は5対1になる。つまり、同僚に悪口をいったりしたら、5回はホメてあげないといけないというわけである。

ビジネス上の同僚というより、より親しい友達関係を結んでいるのであれば、この比率は8対1になる。1回でも相手の嫌がることをしたら、8回は相手が喜ぶようなことをしてあげないと、関係がまずくなってしまうので注意しよう。

優れた教師は、決して生徒にすり寄ったりはしない。

毅然とした態度をとって、怒るべきところでは、声を張りあげて怒る。

しかし、その一方で、生徒が素晴らしいことをしたときには、大きな拍手をしてホメてあげる。そういうバランスをとっているから、その教師は生徒にも敬愛される。

上司にも同じことがいえるのであって、叱るべきときに叱らずにすませるのもダメであるし、叱るばかりでホメることをしないのもダメなのである。

上手に周りの雰囲気に流されるという高等戦術

会社というところは、個人で成り立っているのではなく、大勢の人たちのつながりから成り立っている。そこで大切にされるのは、協調の精神であり、「和の心」である。

そのため、一人だけみんなと違うことをしたり、いったりしていたら、みんなに眉を顰められてしまう。会社においては、うまくみんなに合わせるというか、上手に「流される」ことも必要なのである。

みんなが中華料理でも食べに行こうかという雰囲気になっているのに、「お蕎麦にしよう」と提案するのは、非常に嫌がられる。なぜなら、〝ワガママ〟だからである。

たとえ自分はお蕎麦が食べたくとも、周囲の人たちの空気を読んで、中華料理に付き合えるのが社会人としてのマナー。

年末近くになり、職場のみんなが「忘年会でもやりたいな」という雰囲気を出しているのなら、会社が忘年会を設定してくれなくとも、みずから幹事を買って出て、忘年会をしてあげればよい。

会社からの経費は出ないかもしれないが、忘年会を開催してくれたあなたに対して、職場の人たちはとても感謝するであろう。

会社でうまく立ち回るコツは、空気を読んで流されること。決してワガママをいわないこと。この2点に尽きるのである。

フロリダ国際大学のマリー・レヴィットは、「あなたが5年以内に経験した困った人」という調査を行っているのだが、堂々の第一位は、「ワガママなヤツ」であり、51・6%の人がこれに同意したという。

ワガママな人間と付き合いたいと思う人はいない。いつでもワガママなことをいっていたら、職場でも、プライベートでも浮き上がった存在になることを覚悟しなければならない。

よくアメリカ人は、個人主義で、自分のやりたいことを激しく自己主張するものだと思われているが、それはまったくの誤解で、アメリカ人だって、日本人と同じく会社においては、周囲の人たちとの協調を第一に心がけている。ワガママな態度をとっていたら、仕事がうまくいかないのは、日本人も、アメリカ人も一緒である。

会議をしているとき、参加者全員が「もう、そろそろ切り上げよう」という雰囲気になっているのに、新しい議案などをいきなり持ち出し、会議を長引かせようとする人がいる。他の人はうんざりしているのに、当人だけがそれに気づかない。こういう人は、出世もできないし、だれからも相手にされなくなる。

周囲の人たちをよく観察しよう。

そして、大勢に逆らわないよう、上手に流されていくようにすれば、みなさんはどんな職場で働いていても、うまくいくはずだ。

噂話は無視せず、有効活用する

みなさんがスーパーの店員だとして、どうもバイトの人たちが手を抜いているように感じているとしよう。

このような場合、たいていの人は、**「もっと頑張って仕事しましょう」などとハッパをかけたりすると思うのであるが、そのようなやり方はあまり効果がない。監視を厳しくしようとしても同じだ。**どうせバイトの人たちは、見ていないところでサボろうとする。

私が同じ立場なら、どのような手段で問題を解決するか。

おそらくは、「噂話」を使うと思う。

たとえば、口の軽そうなバイトの一人をつかまえて、次のようなことをいうのだ。

「あのね、聞いた話なんだけど、経営者が今月からミステリーショッパーを雇うらしいよ。覆面調査ってやつなのかな。一般のお客さまに紛れてやってきて、俺たちの行動なんかをこっそりとチェックするみたい。マジメにやっていないと、どんな報告をされるかわからないから怖いよね〜」

それを聞いたバイトさんは、他のバイトの人たちにも同じ話をし、ミステリーショッパーに高い評価をしてもらえるよう、一生懸命に働くようになるのではないかと思われる。

このようなやり方は、心理学では〝漏れ聞きテクニック〟と呼ばれている。

カリフォルニア州立大学のマシュー・フェインバーグによると、「Aさんはワガママだから、勤務評定も悪いらしいよ」といった噂話を意図的に流すと、それを聞いた人たちは、「Aさんのような行動をとらないようにしよう」と気をつけるようになったという。

面と向かって説得しても、たいていはうまくいかない。

私たちは、お説教をされるのが大嫌いだからである。

その点、**噂話を聞かされるだけであれば、まさか自分が説得されているとは思わない。そのため、素直にアドバイスを受け入れてしまう傾向があるのである。**

バイトやパートさんを動かしたいのなら、もっと頑張れ式の説得をするよりも、「うちの職場には、どこかに隠しカメラみたいなのがあって、上の人間はそれをどこかでモニターしているみたいだよ」といった噂話を聞かせるだけでよい。「それなら手を抜けないな」と十分に恐怖を感じてくれるはずである。

かりにみなさんがした話がインチキであるということがバレても、「僕だって聞いた話なんだから……」といい逃れすれば大丈夫である。「本当かどうかはわからないけど」と前置きしてから噂話をするだけであれば、かりにバレてもみなさんが嫌われるということはない。

「そんな噂話だけで、本当に効果があるのかな？」と半信半疑の人もいらっしゃると思うが、ぜひ一度、お試しいただきたい。漏れ聞きテクニックが思った以上に効果的であることを、ご自身で確認することができるだろう。

職場の仲間意識を強めるための裏ワザ

職場の人間関係において、仲間意識を強めるための秘策とも呼べる裏ワザがある。かわいそうではあるが、だれか一人に生贄になってもらって、その人をみんなでイジメるのだ。

幼稚園や小学校では、いや中学校や高校においてさえ、「イジメはよくない」ということを、みなさん自身も教わってきたであろう。耳にタコができるほど、そんなことを聞かされてきたであろう。

だから、「だれかを生贄にするのです」などと私がアドバイスをしても、おいそれとは従ってくれないということは十分に理解できる。

そういう心情は理解できるし、不愉快だと感じる読者もいらっしゃると思うのであるが、ひとつの知識として、私の話を少しだけ聞いてほしい。

もともと組織内にイジメの対象を作ることは、グループの一体感を高める効果があるといわれている。これを「ブラック・シープ効果」という。「ブラック・シープ」とは、白い羊の群れの中で、イジメられてしまう黒い羊のことだ。

世界のどの社会にも、歴史的に見ると、必ず差別される対象がいる。そういう人たちを、集団でイジメることによって、上位者たちは仲間意識を強固にしていたのである。貴族は民衆をイジメたし、民衆は民衆で、さらに弱者のイジメの対象を見つけることによって、憂さ晴らしをしていた。

それがいいとか悪いとかの話ではなく、だれかを寄ってたかってイジメると、共犯意識のようなものが芽生えて、グループとしての結束は強まるのである。

米国カンザス大学のスコット・エイデルマンによると、黒い羊を見つけて、それをイジメることによって、白い羊のグループは、安心できるという。絶対におススメするつもりはないが、そういう心理的な知識は持っておくとよい。

あまり陰湿なイジメはおススメできないけれども、酔っ払ったところでだれかの悪口をいい合うくらいなのであれば、許容できるのではないだろうか。

みんなでだれかの悪口をいい合えば、やはりブラック・シープ効果によって、仲間としての結束は固くなるのではないかと思う。

女の子のグループなどは、だれか一人をやり玉にあげて、いいたい放題の悪口をいい合うことによって、グループとしての結束を固めているように思われてならない。

悪口をいい合うというのは、とてもいいストレス発散にもなる。ストレスを発散しながら、なおかつグループとしての仲間意識も高まるのであるから、

一石二鳥である。もちろん、悪口をいうのは、その場限りにしておいて、現実に何かの嫌がらせをするようなことは、厳禁である。

"イエスマン"に徹するという究極のテクニック

よくあるビジネス誌を読んでいると、
「これからの時代は、自己主張ができなければダメだ！」
「わが社にはイエスマンなど、いらない！」
などと、ものすごく勇ましいことが書かれた特集記事を見つけることができる。上司のいうことを何でも聞いてしまうイエスマンになってはならない、と強く戒められているのである。

しかし、これはおかしい。

なぜ、イエスマンではいけないのか。

上司や経営者の立場からすれば、自分に平気で噛みついてくるような人間より、自分にすり寄ってきてくれる部下のほうが、百万倍もカワイイと思うのではないか。私が上司なら、自分のいうことを何でもホイホイと聞いてくれる部下のほうが、ありがたい。自分が何をいっても、噛みついてくるような狂犬のような自己主張の激しい部下の面倒などは、絶対に見たくはない。

だいたい「イエスマンになってはならない！」などと声高に叫んでいる人の経歴を見ると、たいていはサラリーマンを辞めている人たちばかりなのである。彼らは、イエスマンになりきれなかったので職場からはじき出された人たちなのだ。そんな人のいうことを真に受けてはならない。

組織にはきちんとした序列があるのであって、下の人間は上の人間に従うのが当たり前である。イエスマンに徹するというのは、決して悪いことではなく、むしろ組織に生きる人間として、当たり前のことをしているにすぎない。

上司に噛みつく人間は、そういう組織の序列を乱そうとする反乱分子なのであり、だいたいそういう人は、職場に長くいられない。現実をよく知っている人なら、イエスマンに徹し切ることが、勤め人として生き延びる道であることをよく理解できるはずだ。

オハイオ州立大学のスティーブン・カーは、「イエスマンになって、上司に絶対服従する人をどう思うか？」と尋ねてみた。

すると、管理職の88％はこれに反対した。「イエスマンなどいらない」ということである。

ところが、下っ端の社員に同じ質問をしてみると、37％は「イエスマンに賛成」と答えていたのである。

重役や経営者というものは、理想主義に走ることが多い。そのため、何でも自己主張できるような人材のほうが頼もしいと感じるのであろう。彼らは、現実を知らない。だから、イエスマンでないほうが好ましいように思えてしまうのだ。

ところが、現実をよく知っている下の人間は、上にちょっとでも逆らおうものなら、どんな嫌がらせをされるか、身を持ってよく知っている。だから、イエスマンに賛成なのである。現実的なのだ。

「社員のみなさんには、いいたいことは何でもどんどん私にいってもらいたい」と朝礼で語っている社長でさえ、もし面と向かって不平不満や、文句をぶつけられたら、確実に不愉快な気持ちになるであろう。

現実的には、イエスマンに徹するのが得策である。これはどんな業界、どんな業種の組織にもいえることである。

上司と同じ趣味を持てば、コミュニケーションは確実に深化する

私たちは、同じ趣味の人には心を許す。

私は昆虫採集や釣りが好きなので、そういうものを趣味にしてやっている人には、たとえ初対面でも年来の友のように感じる。これはだれでもそうなのではないかと思う。

明治維新の功臣として知られる大久保利通が、島津斉彬の死後、新しく実権を握った島津久光に接近するため、一生懸命に囲碁を習ったという逸話は有名だ。久光が囲碁好きだったので、自分も囲碁ができればお近づきになれると考えたのである。実際、この作戦は大成功で、大久保はどんどん出世していった。

この作戦は、職場でも有効だ。

上司がどんな趣味にハマっているのかを考え、同じ趣味を自分もやるのである。趣味の話なら、いくらでも会話が盛り上がれるし、勤務時間外でも一緒に遊んだりすることができるようになる。そのため、どんどん親しくなることができる。

釣りバカ日誌のスーさんハマちゃんは、社長と平社員ではあるけれども、「釣り」という共通の趣味を持っていることによって、大変な仲良しだ。共通の趣味があれば、そうい

う関係になるのも、難しくはない。

同じ趣味を持っている人は、エコヒイキもしてくれる。

自分と同じ趣味を持っている人のほうが、カワイイと思うに決まっているのであって、気づかないうちにエコヒイキをしてくれるのである。これは、非常にありがたいことだ。

心理学には、「類似性の法則」と呼ばれる強力なルールが知られており、趣味であろうが、モノの考え方であろうが、類似している点が多くなればなるほど、その人に好意を抱き、エコヒイキをしたくなることが明らかにされている。

米国オースティン州立病院のキャロル・ゴライトリーは、融資の申込者が、銀行の担当者と類似点がたくさんあればあるほど、担当者は、たくさんの融資をしてくれることを実験的に確認している。

上司に好かれたいのであれば、まずは上司と同じ趣味を始めよう。

いや、始めるところからすでに上司に相談すればよい。

「私も、○○をやろうと思っているのですが、課長はお詳しいのですよね?」と相談を持ちかければ、上司も喜んでいろいろと教えてくれるだろう。習い事をするような場合には、自分が通っているスクールを紹介してくれるかもしれない。そうやって一緒に趣味を共有すれば、ビジネスのときにもエコヒイキしてくれるようになる。

ただし、上司と同じ趣味を持つときには、「上司よりもうまくならない」という点も重要である。かりに上司がゴルフ好きだとしたら、自分もゴルフを始めるのはよいが、上司よりも良いスコアを出すほど上達してはならない。後から来た人間に抜かされると、人間は不愉快になるからである。

ウソでも、「お前には期待してるんだからな」といいつづける

「私の部下は、使えないヤツばかりで困ります……」

「私の部下は、ホントに仕事ができなくて……」

もしそんな風に部下について思っているのなら、たしかに部下はいつまで経っても仕事を覚えようともしないし、使える人材にもならないであろう。

ただし、それは部下が悪いのではなく、上司であるみなさんの責任である。

「なぜ、私のほうが悪いんですか？　仕事ができないのは部下のほうなんですよ！」

みなさんは口をとがらせて憤慨なさるかもしれないが、なぜ上司であるみなさんが悪いのかというと、部下に対して悪い期待をしてしまっているからだ。

「こいつ、使えねえな」という思い込みを持っていたら、本当に部下は使えない人間になっていく。「こいつ、物覚え、悪すぎだな」という思い込みを持っていたら、部下はいつまでも仕事の手順を覚えられない。つまりは、そういう期待しか持っていないみなさんが悪いのである。

私たちは、他の人から期待されているような人間になっていく。

これを〝ピグマリオン効果〟という。

もともとピグマリオン効果は教育分野で明らかにされた原理であり、先生が生徒に対して、「こいつは算数が伸びる」といった思い込み（期待）を持つと、1年後には本当に能力が伸びていき、逆に悪い期待を持つと、成績はみるみる落ちていくのである。ウソではなく、本当である。先生の思い込みが生徒の成績を決めるのだ。

米国オレゴン州にあるポートランド州立大学ビジネス管理学科のパメラ・チャーニーは、ピグマリオン効果はビジネス場面でも見られるのではないかと考え、ある化学会社の研究開発部で調査を行ってみた。

するとやはり、上司が思い込んでいるとおりに部下が伸びていくこともあれば、悪くなることもあることが判明したのである。

上司が「お前には期待してるぞ！」と声をかけて、本当にそのような期待を持っていてあげると、部下は高い業績をあげるようになる。みなさんの期待に応えなければ、という気持ちになるからだ。

ところが、「お前は、ホントにいつまで経っても新人並だな」といっていたら、部下は仕事を覚えようともせず、いつまでも新人のままであろう。

ウソでもいいから、とにかく部下には期待しているのだ、といいつづけてあげたほうがいい。「ウソから出たまこと」という言葉もあるように、たとえウソでも、ピグマリオン効果によって、そのうちにそれが真実になることもあるのだから。

「お前は、将来立派な人間になるよ！」と期待されている子どもは、本当に立派な大人になっていく。「お前は、ロクでもない人間になる」と期待されている子どもは、不良になる。それは子どもが悪いのではなく、親に原因があるのだ。

普段から、「ありがとう」という言葉を連発する

明日からでも、みなさんが職場で好かれる魔法のようなテクニックをお教えしよう。これだけを実践すれば、だれでも、すぐに好かれ始めるようになる、というテクニックとい

うのがあるのだ。

それは、「ありがとう」という言葉を連発するようにすること。「えっ！　たった、それだけ？」と思うかもしれないが、これだけである。他には何もしなくても大丈夫。たったこれだけを実践していただければ、みなさんはすぐに好かれるようになる。

私たちがいわれてもっとも嬉しい言葉、それは「ありがとう」という感謝の言葉である。

他人から感謝されると、私たちの自尊心は大いに満足するのである。

特に「ありがとう」と感謝する場面でなくとも、とりあえず「ありがとう」を連発してみてほしい。


「○○さん、お昼食べにいきませんか？」

「ありがとう、それじゃ一緒に行きましょう」


「○○さん、これから外回りですか？」

「ありがとう、頑張ってくるね！」

ちょっとちぐはぐな感じがするかもしれないが、そんなことはどうでもいい。とにかく、相手に話しかけられたときには、あるいは自分から話しかけたときにも、枕詞のように「ありがとう」を連発していれば、だれもがみなさんのファンになってくれる。

ペンシルバニア大学のアダム・グラントは、「ちょっとした〝ありがとう〟が、きわめて有益」という、そのものズバリのタイトルの論文をアメリカの一流専門雑誌に発表しているが、「ありがとう」といわれれば、だれでもいい気分になれるのである。

グラントによると、「ありがとう」を連発する人に対しては、だれもが親切になってしまうのだという。困ったことがあったとき、手助けしてもらえるかどうかは、普段からどれくらい「ありがとう」をいっているかによって決まる。

グラントの実験によると、「ありがとう」という感謝の言葉をいっておくと、その後で面倒なお願いをしても66％が快く応じてくれたのに、感謝の言葉をいわない人が同じお願いをしても32％しか応じてくれなかったというのだ。

普段から「ありがとう」を連発していれば、職場のだれもがみなさんに親切にしてくれるだろうし、あれこれと面倒を見てくれるようになる。

「ありがとう」というだけなら、お金もかからないし、労力もかからない。それでいて、ものすごく大きな利益が期待できるのである。こんなに便利な方法を使わない手はないと思うのであるが、いかがであろうか。

無関係な人にも、どんどん挨拶する

私たち人間は、打算的なところがあるので、「自分に関係がありそうな人」にしか、かかわりたがらない、という傾向がある。

たとえば、できるだけ労力を節約しようと思うのか、他部署の人には挨拶をしない人は多い。「まあ、違う部署だし……」と思うのであろう。オフィスの通路で出会った業者やお客さまにも挨拶をしない人は多い。というより、そういう人ばかりである。

しかし、これは非常によくないことだ。

基本的には、他部署の人であろうが、出入りの業者であろうが、受付の人であろうが、守衛さんであろうが、どんな人にも気持ちよく挨拶をするようにしてほしい。

先ほど、「ありがとう」といわれて嬉しくない人はいない、という原理について述べたが、挨拶についても同様で、挨拶をされて嬉しくない人などはいないのである。

「おはようございます」

「いつもお疲れさまです」

明るく、ハキハキと、他部署の人にもそうやって挨拶するようにすれば、みなさんは他部署の人にまで顔がきくようになるし、好感度を高めることができる。

他部署の人にまで挨拶するのは、なんとなくムダなように思われるかもしれないが、そうではない。たとえば、他部署の上司から、自分の上司に対して、「お前のところに、◯◯っていうヤツがいるだろ。いつもみんなに元気に挨拶をして回るんだよな。ものすごくいいヤツだよ」ということを吹聴してくれるかもしれない。

〝良い評判〟というものは、どんどん広がっていくものである。

だから、見ず知らずの人にでも挨拶をしていると、みなさんの評価は、会社全体に、いや、お客さまや、近所の人にまで波及していくものなのだ。

ドイツにあるフリードリヒ・アレクサンダー大学のハンス・ウォルフは、サービス業、製造業、貿易業などの企業で働く455名の人にコンタクトをとり、4年間の追跡調査に参加してもらった。どういう人ほど、キャリア・サクセスをしているのかを調べるためである。なお、ウォルフはキャリア・サクセスの指標として、昇給、昇進した回数、主観的な職務満足度を取り上げた。

その結果、成功している人たちに共通するのは、自分の部署の人とだけではなく、他部署の人とも積極的に交わろうとすることであった。**彼らは、他部署の人にもどんどん話しかけ、他部署のイベントにも積極的に参加したりしていたのである。そういう人ほど、4年後には昇進し、収入も増えていたのだ。**

「面倒だから、同じ職場の人にしか声をかけない」というのではダメである。いろいろな人に声をかけるのは、面倒なことどころか、莫大な見返りをみなさんに返してくれるものなのだ。

守衛さんであろうが、掃除をしてくれる業者さんであろうが、同じ会社にいる人は、みな自分の仲間だという意識を持ち、「お疲れさまです、いつもありがとうございます」と挨拶して回るクセをつけよう。

手柄を他の人に譲ってやることで、評価を上げる

自分が仕事でうまくいったとき、自分一人の力でそれを成し遂げた、というような顔をしていると、周囲の人たちにイヤな顔をされる。

かりに自分一人の力が大きいのだと思っても、そういう手柄は、他の人に譲ってしまったほうがよい。そういう謙虚な姿勢は、ものすごく好ましい印象を与えるからである。

「○○さんのサポートがなければ、うまくいきませんでした」

「たまたま僕が契約をとってきましたが、○○さんのおかげです」

「僕はおいしいところをいただいただけで、みなさんの助力がなければ不可能でした」

そんな感じに謙遜して見せたほうが、みなさんの株はさらに上がるであろう。

もともと仕事ができる人というのは、周囲の人に妬まれやすい。

ノーザン・イリノイ大学のステファニー・ヘナガンは、４つの不動産会社の販売員についての調査で、社内賞をとるほどの優秀な販売員は、他の販売員からの妬みや怒りなどの深い感情を持たれやすいことを突き止めている。

ただし、ヘナガンによると、仕事で高い業績をあげていても、決して驕ったりすることはなく、腰を低くして謙遜して見せれば、それほど嫌われないことも明らかにしている。

仕事で成功したときには、だれでもチャンスだと思ってしまう。

しかし、どんな物事にも両面があるのであって、出世や昇給のチャンスである一方、周囲から妬まれるというリスクも同時に高まるのである。そういう危険性があることは、十分に認識しておかなければならない。

「この会社は、俺さまの力で持っているんだ」とか「みんな仕事ができないヤツばかりだ」などという顔を少しでもしようものなら、みなさんの評価はいっぺんに地に落ちるということを覚悟しておこう。

日本には、「出る杭は打たれる」というありがたい教えがある。

一人だけ目立った業績をあげていると、他の人たちは面白くないから、さまざまな形で嫌がらせをされる。

だからといって、仕事の手を抜いて、成績を落とす必要はない。**仕事は仕事として本気で取り組み、どんどん業績をあげてよい。ただし、手柄をあげたときには、「いえいえ、私の力じゃなくて、他の人のおかげなんですよ」といっておけば、現実的には何の問題もなくすませられるのである。**

謙虚であればあるほど、みなさんの株は高くなる。

ケチケチせずに、他の人にどんどん手柄を譲ってしまおう。みなさん自身は、ただ仕事をすること自体を楽しみ、お金であるとか名誉であるとか、そういうものには恬淡としていたほうがいいのではないかと思う。

どんなに謙虚であっても、見る人はきちんとみなさんの仕事を見てくれているし、評価もしてくれる。だから、自分からわざわざ自慢をする必要はないのである。

応用編

6章
恋愛のイニシアティブを引き寄せる心理術

「告白」は、ロマンティックな曲を聞かせながら

男性にはわかりにくいが、女性はとてもロマンティックである。だからこそ、ロマンスを味方にすれば、恋愛感情を水増ししてもらえることも不可能ではない。

そのひとつが、ラブソング。

どうせ女性に告白するのなら、ラブソングがかかっているようなお店などがよい。もし、食事に誘ってドライブするチャンスがあるのなら、車内でロマンティックな歌詞の曲を流しながら、「僕と付き合ってください」とお願いするのもよいだろう。かりにフラれるとしても、フラれる可能性をずいぶん減らせるからである。

ブルターニュ大学のニコラス・ゲーガンは、マーケティングの調査だという名目で18歳から20歳までの女性を集めた。そして、待合室で待っている間に、ロマンティックなラブソングである、フランシス・カブレルの「死ぬほど愛する」という曲をBGM代わりに流しておいた。

それから中程度の魅力の男性がやってきて、マーケティングのインチキなインタビューを行うのであるが、それが終わったところでその男性は女性に好意を示し、「電話番号を教えてくれませんか?」と頼むのである。

すると、どうなったか。

なんとラブソングを聞かされたばかりの女性のうち52・2%が、出会ったばかりの男性に自分の連絡先を教えたのだ。

ゲーガンは次に、さきほどの待合室で、ロマンティックでもなんでもないヴァンサン・ドレルムの「お茶の時間」という曲を流しながら、同じ実験をしてみた。すると今度は、27・9%の女性しか、連絡先を教えてくれなかった。

ロマンティックな曲を聞かせていると、約2倍も女性は連絡先を教えてくれるということが、この実験から明らかにされた。だからこそ、読者のみなさんにも、女性を口説いたり、告白したりするときには、ロマンティックな演出を心がけてほしいのである。そうすれば2倍もうまくいく確率は高まるのだから。

ロマンティックな曲では、「愛している」「キミが好き」といったセリフの歌詞が連呼されるわけだが、そういう歌詞を聞いていると、女性はあたかも自分がそういう言葉をいわれているかのように感じる。そして、だんだん自分の気持ちも盛り上がっていく。

そんなとき、みなさんが「付き合ってください」という言葉を口にすると、それまでに何度も「愛している」といわれたように女性は感じてしまい、ついついうなずいて承諾してしまうのであろう。

よほど顔だちに自信があるとか、よほどのスポーツマンで女性のほうから近寄ってくるような男性なら、ロマンティックさなどなくとも、うまくいくのかもしれない。

けれども、たいして取り柄もない、ごく普通の平均的な男性なのであれば、戦略的に自分の魅力を水増ししたり、女性の恋愛感情を高める工夫をしなければ、なかなか「恋愛戦」には勝てないのではないかと思う。

イギリスには「戦争と恋愛では、あらゆる手段が正当化される」といった意味の格言があるらしいのであるが、恋愛をするときにもテクニックは必要なのだ。

定番の「花束」の効果は、実験で実証されている

ロマンティックな気分を高めるという意味では、「花束」も効果的である。

女性は、花束を男性に贈られるのが大好きであるが、「花束」は、「恋心」と不可分に結びついているからである。

それまでは気のいい男友達とか、あるいは弟のような存在だとしか思われていなくとも、「花束」を贈ってあげたとたんに、彼女はみなさんのことを「男」として認識するよ

うになるであろう。しかも、恋愛対象の男性として見てくれるようになる。なぜなら、花束は、ロマンスを高めるものだからだ。

女性は、花を見ると、一瞬だけ頭がぽわんとしてしまうらしい。

つまり、恋心が湧き上がってきて、冷静な判断ができず、マヒ状態になってしまうのだ。

フランスの心理学者ニコラス・ゲーガンは、「花を見ているだけで、女性はロマンティックな感情を高めるはずだ」という仮説を立て、花屋さんの前、あるいはケーキ屋さんの前、あるいは靴屋の前で、18歳から25歳くらいに見える女性600名に声をかけ、「きれいな方ですね。電話番号を教えてもらえませんか?」と尋ねてみた。

その結果は、次のようになったという。

	OKしてくれた割合	実数
花屋の前	24・0%	(48/200人)
ケーキ屋の前	15・5%	(31/200人)
靴屋の前	11・5%	(23/200人)

花屋の前でのみ、連絡先を教えてくれた割合が高くなっていることがこの結果から読み取れるであろう。花が視界に入っている状態だと、女性は恋愛感情が高まって、つい見知らぬ男性にも連絡先を教えてしまったりするのだ。

女性をナンパしたいのであれば、花屋さんの前であるとか、公園であるとか、植物園の前であるとか、とにかくきれいな花が咲き乱れているような場所がよい。ロマンスのかけらもない場所で声をかけるよりも、はるかに成功率は高くなるであろう。少なくとも、心理学的にはそのような予想ができる。

女性と食事をするときにも、できれば素敵な花が飾られている近くのテーブルに案内してくれるよう、店員にお願いするとよい。そのほうが女性の気分は盛り上がるからである。

また、女性の誕生日や記念日に何かをプレゼントしたいと思って、何を贈ればよいのかがわからないときには、迷わず「花」にするとよい。

男性からすれば、「花などもらっても、何の役にも立たない」という気持ちかもしれないが、女性にとってはものすごく嬉しいことなのだ。実利的な男性には、花のよさがわからないだろうが、ロマンスが好きな女性にとっては、男性から花束をプレゼントされることは、非常に大きな意味を持つことなのである。

「赤」は、恋愛を引き寄せる効果がある

男性でも、女性でも、赤色を着ている人は、モテる。

クリスマス・シーズンになると、街中には、赤色のミニスカートをはいたサンタに扮した女性がチラシやティッシュなどを配っているが、とてもセクシーで魅力的に見えてしまうのは、赤色の影響が大きいと思われる。

男性は、赤いドレスや洋服を着た女性を好むものだが、女性もまた、赤い服の男性を好むということが、実験的に確認されている。

米国ロチェスター大学のアンドリュー・エリオットは、21名の女子大学生に、男性の写真を見せて魅力に点数をつけてもらった。ただし、男性の写真の背景が赤色になっているか、それとも白色になっているのかだけを変えてみた。

すると背景が赤色のときには、9点満点で魅力を測定すると6・79点になり、白色のときには5・67点になったという。赤色と一緒に見せたときのほうが、男性はずいぶんと魅力的に見えてしまうらしいのだ。

エリオットはさらに、灰色、緑色などに背景の色をかえて実験をしてみたのだが、やはり赤色が一番、魅力を高める色であることが判明したという。

では、なぜ赤い色と結びついた男性はモテるようになるのか。

そのメカニズムについて、エリオットは、「高い地位」を連想させるからではないか、と考えた。

歴史的に見ても、将軍や王様になると、赤色の甲冑やマント、冠などを身につけていることが多かった。つまり、赤い色は、「偉い人が身につける色」なのである。日本でも、「赤備え」の鎧や槍を許されるのは、勇敢な大将だけであった。

女性は、赤い色が「高い地位にある男性」が身につける色であることを知っている。だから、赤色に惹かれるのではないか、とエリオットは分析している。

この分析が当たっているかどうかはともかく、**読者のみなさんは「赤色を身につけていれば、モテるのだ」ということだけがわかっていればよい。メカニズムなど知らなくとも、女性にモテることは可能だからである。**

ただし、赤色がモテるからといって、髪の毛の色を赤くし、真っ赤なスーツ、真っ赤な靴を身につけるのは、やりすぎである。赤色を増やせばそれだけモテるという話でもないので、ワンポイントで赤色をうまく使えばよいと思う。

たとえば、メガネのフレームに赤を入れるとか、腕時計のバンドで赤色を使うとか、首に巻くスカーフやマフラーに赤色を取り入れるとか、その程度で十分であろう。

心理学には、「ロマンティック・レッド効果」という用語があり、男性でも、女性でも、赤色を見ると、恋愛感情が高ぶることが知られている。だからこそ、赤色をうまく使うことを考えれば、だれでもモテるようになるのだ。

草食系の一般化は、「男らしさ」の有効性を高める

最近の男性は、ますます女性化しつつある。身体もスラリとしているし、脱毛をしている若者も珍しくはない。顔にはうっすらとファンデーションを塗っている人もいる。

では、「男らしさ」のアピールなどしても無意味かというと、そんなことはない。

むしろ、女性は、男らしい男の人も好きである。

女性は、口では「優しくて繊細な人が好き」などとはいうものの、その言葉を真に受けてはならない。女性は、口では何とでもウソをつくことが多いからである。

ウェスタン・オーストラリア大学のギリアン・ローズは、女性にモテる男性の特徴について書かれた論文を総合的に検討し、「男らしさ」が非常に重要な要因であることを突き止めている。とりわけ、生理中の女性には、男らしい男性がモテるようだ。

女性は、妊娠しやすいタイミングになると、男らしさを求める。

「強い子ども」を残したいという、本能的な欲求があって、それゆえ妊娠しやすいタイミングでは、特に男らしい男に惹かれるのではないか、と考えられている。普段は、眉毛が細い男性が好みの女性でも、妊娠しやすいタイミングのときには、眉毛が太くて、がっしりした顔だちの男性がいいな、と思うようだ。

妊娠のタイミングの話が出たので、ちょっと脱線するが、このタイミングの女性は、「浮気もしやすい」という、びっくりするようなデータがあることをご紹介しておきたい。

英国マンチェスター大学環境生物学科のマーク・ベリスは、2708名の女性の浮気のデータを調べあげ、一か月でもっとも妊娠しやすい時期(9日目から14日目、ピークは12日目)のときに、婚外性交渉の割合が増加することを見出した。

妊娠しにくいタイミングのときの浮気の確率は0から1、2%であるが、もっとも妊娠しやすい12日目には4%近くになるというのである。

あまりに姑息すぎるので、こんなアドバイスをしたくはないのであるが、すでに彼氏がいるとか、すでに結婚している女性を口説くのであれば、その前に彼女の月経周期を突き止めておくとよい。

もともと女性は、自分からあまり積極的に男性に近づいていったりはしないものだが、あるタイミングにおいては、男性よりも積極的になる可能性がある。

海釣りをするときには、明け方や夕方などの、「釣れる時間帯」でなければなかなか釣れないものであるが、女性も同じようなところがあるのである。

「逞しい身体」は、努力でマイナスをカバーする切り札

顔だちのほうは、美容整形でも受けなければ変えることはできないが、身体のほうは違う。努力する気持ちさえあれば、いくらでも逞しい身体を手に入れることができる。

当たり前のことではあるが、ブヨブヨとした太った身体をしていたら、女性にモテるわけがない。引き締まった、逞しい身体であれば、少しくらい顔だちがブサイクであってもモテるのとは好対照である。

心理学のデータによると、頭が薄いことと、身長が低いことは、それほどマイナスの印象を与えることはない。

「僕は、若いのにハゲているから……」

「僕は、生まれつき背が小さいので……」

ということをコンプレックスに感じている男性は多いと思うのだが、そんなに心配はいらないのである。

東テネシー州立大学のノーマン・ハンキンスの実験によると、髪の毛の薄さや、身長の高低については、たいして印象に差をもたらさなかった。

唯一、ハンキンスの実験で、統計的に差が出たのは、〝肥満かどうか〟であった。スレンダーな体型の男性のほうが、ブヨブヨと太った男性より、明らかに評価が高かったのである。

とにかく身体を鍛えること。

肥満にならないこと。

これをきちんと守るようにすれば、みなさんはすぐにモテるようになるのである。 ついでにいうと、筋力アップのトレーニングをすると、自尊心のほうも高まることが知られている。身体が強くなってくると、自分に自信がもてるようになるのだ。だから、引っ込み思案な男性でも、逞しい身体を手に入れれば、堂々と女性に声をかけることができるようになるのである。

米国ウェルズリー大学のマーガリー・ルーカスという心理学者は、95名の女性にいろいろな体型の男性の写真を見せ、「あなたはこの人と一晩だけのセックスができますか？」

と質問してみた。

すると、「オーケー」という返事がかえってくる男性には共通点があって、それは逞しい身体をしているということであった。ルーカスによると、特に上半身が逞しい男性ほど、アバンチュールの相手として選ばれやすくなるそうである。

細くて、ヒョロヒョロしていたほうが、女性にウケるのではないかと勘違いしている男性は多いが、それは間違いである。女性は、もっと逞しい身体のほうがいいと思っている。ボディビルダーのように、筋骨隆々でムキムキしていたら気持ち悪いと思われるかもしれないが、それなりに逞しい身体であれば、何の問題もない。

身体を鍛えるのは、本人に意欲があれば、だれでもできる。

「女性にモテたい！」という強烈なモチベーションを持って、とにかく身体を鍛えられるだけ鍛えてみよう。古今東西、女性にモテる秘訣は、〝逞しさ〟を手に入れることなのだ。

嫉妬を恋愛のスパイスとして活用する

たいていの男性は、好きな女性のことをチヤホヤしようとする。

「○○ちゃんは、世界で一番かわいい！」

「○○ちゃん、大好き！」

という具合である。

たしかに、そうやってホメられればどんな女性も悪い気はしないものの、何となく物足りない気持ちにもなってしまう。

恋愛上手は、女性にうまくヤキモチを焼かせるのがうまい。

ホストなどは、他の女の子からモテている話をチラつかせて、女心に火をつけるテクニックを使っている。

「他の子からの指名が重なっちゃってて、ここのテーブルにあまりいられないんだ。本当は、このテーブルにずっといたいんだけど……」などといって、女性にヤキモチを焼かせるのである。

ニューハンプシャー大学のアンジェラ・ニールは、ヤキモチを焼かされた人ほど、相手をつなぎとめるために本気になることを突き止めている。ニールによると、**ヤキモチを焼**

いて嫉妬した人は、相手の時間のすべてを自分で独占したい気持ちになり、頻繁に電話をしたり、頻繁に相手の元に出向いたり、自分から積極的に動くようになる、というのである。これは、男性でも、女性でもそうである。

女性にうまくヤキモチを焼かせれば、むこうのほうからどんどん動いてくれる。それまでは自分からメールをしなければ返信してくれなかった女性でも、ちょっぴりヤキモチを焼かせるようにすれば、むこうからどんどんメールをしてくれるようになるであろう。「他の女なんかに、とられたくない！」という気持ちになるからである。

職場に好きな女性がいるのだとしたら、無関係な女の子のことを、少しだけチヤホヤしてみるとよい。

女の子にとって、自分以外の女の子がホメられているのを見るのは、あまり気持ちのいいものではない。「どうして、私のことはホメてくれないの？」という悲しい気持ちになるからである。

そうやって若干冷たくしてから、「ああ、ごめん、ごめん。○○ちゃんも仕事頑張ってるよね。ちゃんといつも見てるよ」とホメてあげるようにすれば、ホッとすると同時に、みなさんの心をより強く捕まえるための行動をとり始めるようになるであろう。他の子に負けたくない、という女性ならではの競争心が働くからである。

ただし、嫉妬の心をくすぐるというやり方は、かなりの高等テクニックであるから、恋愛初心者向きではない。

恋愛にあまり自信がないというのなら、ヘンに策を弄さず、「僕は、○○さんが好きなんです」と直球で勝負したほうがいいような気がする。他の女の子をチヤホヤしようとしていると、本命の女の子には、「だれにでも優しくする男」というレッテルを貼られて、マイナスの印象を受けるかもしれないから、本命の女の子だけに向かっていったほうが無難である。

また、ヤキモチを焼かせるというのも、程度問題であって、「ほんのちょっぴり」ヤキモチを焼かせればいいのであって、本気で嫉妬させるようなやり方は逆効果である。

「落としやすい」女の子の見分け方は、本当にあるのか

「外見だけで、落としやすい女の子かどうか、わかるものなんでしょうか？」

よく聞かれる質問である。

結論からいえば、それは非常にたやすい。

ウェスタン・イリノイ大学のユーゲン・マーチスという心理学者は、セックスの頻度、あるいはセックス・パートナーの数などから、「落としやすい女性」を判断する一方で、彼女たちがどんな服装を好むのかを調べてみた。

その結果、一番、セックスに対して甘かったのは、「ノーブラでいることの多い女性」と、「ショートパンツを好む女性」であったという。さすがに昼間にはブラジャーをつけていることが多いとは思うのだが、「いつもはブラジャーをつけていないんですよ」とか、「普段はショートパンツばっかりはいてますよ」という女の子であれば、一応は、落としやすい女の子だと判断できるのではないかと思う。

他には、何か手がかりはないのか。

実は、もっとある。

米国ウェスト・バージニア州のハンティントン市にあるユニアータ大学のデビッド・ドルーズは、セックス・パートナーが多い人には、タトゥーをしている、喫煙者である、という特徴があったという。また、そういう人は、警察に補導された経験もあるそうだ。

一言でいえば、見た目にもワルっぽい感じの女の子であれば、簡単に落ちてしまうというわけである。

服装などから、「明らかにガードが固い」と思えるような女の子は、やはり性格的にも保守的であるし、男性にも警戒心を示すし、落としにくい部類に入るのではないかと思う。

あまり常識に反することではないので、読者のみなさんをガッカリさせてしまうかもしれないが、やっぱり見た目がワルっぽい感じというか、ギャルっぽい感じの女の子のほうが、セックスに対しても考え方がゆるいのである。

世の中には、「見た目のイメージと違う女の子」というのも、たしかにいる。

見た目には保守的に見える女の子でも、意外に、性に対して奔放な女の子もいるかもしれない。

だが、そういう女の子はあくまでも例外なのであって、付き合ってみるまではわからないであろう。少なくとも、何時間かおしゃべりしてみて、「男慣れ」しているかどうかを調べてみなければ、何ともいえない。

見た目にも不良な女の子は、たくさんの男と遊んでいることも多く、それだけ男慣れしているので、敬遠されることもある。しかし、それだけ男慣れしているということは、実はとても話しやすい、ということもある。「不良の女の子はイヤだ」と見た目だけで敬遠するのではなく、普通に話しかけてみてはどうだろうか。けっこう性格的にも優しい女の子が多いようにも思うのだが。

相手の「好みのタイプ」など聞かなくてよい

私たちは、好きな人ができると、その相手がどんなタイプを好むのかが気になる。背の高い人が好みなのか、イケメンでなければダメなのか、学歴が高くなければ相手にもされないのかなど、相手の好みが気になってしかたがなくなる。

けれども、ここでひとつみなさんにお聞きしたい。

もし相手の「好みのタイプ」が、みなさんとまるでかけ離れているタイプだったとしたら、どうするのか。その時点で、簡単に諦めてしまうのか。せっかく好きになったのに、告白もしないまま、諦めてしまうのか。

「でも先生、相手が好きなタイプと、自分がかけ離れていたら、どうせアプローチしたって、玉砕するに決まってるじゃないですか」

と思う人もいるであろう。

しかし、そうではないのだ。人間の好みのタイプなど、不変的で、固定的なものだと思ったら大間違いである。**人間の好みなど、コロコロ変わるのが普通で、相手がどんなタイプを好きであろうが、そんなことは気にする必要もないのだ。**

「私は、スレンダーな男の人が好き」と公言してはばからない女の子が、いつの間にか、太っちょの彼氏を作ってしまうことは珍しくもなんともない。

「私は、メガネをかけている人が野暮ったくて苦手」と嫌悪感を示していたくせに、メガネをかけた男性とお付き合いし、そのまま結婚までしてしまう女の子は、いくらでもいるのである。

女の子がいう、「私の好みの男性のタイプは……」というセリフは、適当に聞き流しておけばいいのであって、真に受ける必要は全然ないのである。かりに好みの男性と自分がかけ離れていようが、そんなことはまったく関係がない。

カリフォルニア州立大学のダイアン・フェルムリーによると、私たちが自分で考えている「好み」などは、半年もすれば変わるのだそうである。

実際、恋人がいる125名に調査したところ、初めに相手に惹かれた特徴の34％は、半年後にはもはや魅力を感じる特徴ではなくなっていたという。

私たちが、相手に感じる魅力のポイントというものは、時間とともにどんどん変わっていくものなのだ。だから、相手の好みなど、真に受ける必要はないわけである。

「私は、話の面白い男の子が好き」といっていても、半年もすれば、「やっぱり頭のいい話ができる人のほうが好き」と変わるかもしれない。「できるだけ近くに住んでいる人のほうがいい」といっておきながら、半年後には、「遠距離恋愛も、けっこうアリかもしれないな」と考えるようになるかもしれない。

人間の好みというものは、ビックリするくらいコロコロ変わるのが普通である。

男性だって、「髪型がショートで、スポーティな女の子がいい」といっていながら、実際に彼女を作るときには、そんなことはどうでもよくなっていることが少なくないのではないか。女性だって、まったく同じなのである。

「障害」は、カタルシスを生む恋愛のハードル

二人の間に何らかの「障害」があるとき、恋心は俄然燃え上がる。

これを心理学では、「ロミオとジュリエット効果」と呼んでいる。

シェークスピアの戯曲では、お互いの両親が結婚に反対すればするほど、ロミオとジュリエットはさらに愛し合ってしまうわけであるが、別にロミオとジュリエットではなくとも、障害があるほど恋は燃えるのである。

コロラド大学のリチャード・ドリスコルは、140組のカップルを半年から10か月にわたって調べ、両親から妨害されればされるほど、恋愛感情が高まってしまうことを突き止

めている。

「あんな人、やめておきなさいよ」

「あなたなら、もっといい男が見つかるよ」

そんな感じのことを友達にいわれた女の子は、さらにムキになってその男性を好きになっていく。その男性にのめり込んでいく。ロミオとジュリエット効果は、別に、両親以外の人からでの妨害でもかまわないからだ。

俗に、「遠距離恋愛のほうが、燃え上がる」ともいわれている。

遠距離恋愛では、お互いに遠く離れたところに住んでいるので、なかなか会いにくい。つまり、距離が「障害」となっているわけである。そのため、やはりロミオとジュリエット効果によって、恋心が募ってしまう。

「不倫の恋愛も、燃える」といわれる理由も、同じ。

結婚していれば、当然ながら、相手に会える頻度はどうしても少なくなる。しかも、人目を気にして、デートする場所なども限られてしまう。お互いの職場が同じであったりすると、職場の人たちにバレないように、いらぬ気遣いをしなければならないかもしれない。

そういうもろもろの「障害」が、お互いの恋心をよりいっそう強めてしまうのである。

わざと「障害」を設けることは、相手の気持ちを高ぶらせるのに役に立つ。すでにだれかと恋人関係にあるのであれば、ちょっとした「障害」や「妨害」を組み入れよう。そうすれば、マンネリ化することもなく、恋愛感情を維持できる。

たとえば、ちょっと遠いところに引っ越してみるのはどうか。なかなかいいアイデアだ。会いにくくなればなるほど、相手はみなさんに会いたくなる。

仕事が忙しいとウソをついて、電話やメール、ＬＩＮＥの頻度を減らすのは、どうか。これも、悪くはない。連絡をとるのが少なくなれば、相手も心配になるだろうから、さらにみなさんのことを好きになる。

好きになった相手とは、四六時中一緒にいて、おしゃべりしたいと思うに決まっている。

しかし、そこをちょっと我慢して、簡単に会えないように障害を設定したほうが、かえって久しぶりに会ったときのトキメキのようなものは、いつまでも消えずに楽しい恋愛ができるものなのだ。

「ケンカ」は危機ではなく、絆を深めるチャンス

女性に嫌われたくないという気持ちが強いので、何でもいいなりになってしまう男性がいる。そういう男性は、〝奴隷状態〟に甘んじて、自分を犠牲にすることにより、表面的にはとても円満な関係を築く。

しかし、そんなところで優しさを見せようとすればするほど、彼女にフラれてしまうことに、自分だけが気づいていない。

いいなりになっていれば万事がうまくいくのかというと、そうは問屋が卸さない。むしろ、自分を押し殺し、女性のいいなりになればなるほど、関係はうまくいかなくなっていく。まことに皮肉な結果になる。

「ケンカなどをすると、彼女にフラれてしまう」

というのは、誤った思い込みである。

むしろ、お互いに何でもいいたいことをいい合って、たまにはケンカするくらいのほうが、愛情は深まっていく。

米国ベイラー大学のキース・サンフォードは、734名の既婚者と同棲者を対象にした調査において、「ケンカは、むしろ有益」という結論を引き出した。

たしかに、ケンカをすると一時的に関係は悪くなる。気まずい雰囲気にもなるであろう。しかし、それを乗り越えたカップルは、さらに強く愛し合うことができるようになるのだ。まさに「雨降って地固まる」である。

さじ加減がとても難しいとは思うのであるが、ケンカすることは決して悪いことではないので、たまには彼女を怒らせてみるのは悪くない作戦である。

「もうお前のワガママには付き合ってられない。他の男のところへ行け！」

そうやって冷たく突き放してみてもいい。もちろん、相手に非がある場合だけであって、むやみにケンカをする必要はないが、どうしても腹に据えかねるというか、堪忍袋の緒が切れたときには、怒ってもいいのではないかと思う。

子どもが悪いことをしたとき、怒らない親がいるとする。

そういう親はいい親なのかというと、そうではない。むしろ、子どもは叱ってほしくて、さらに非行に走っていく。子どもは、悪いことをしたら「叱ってほしい」のである。

女性もそうで、時には、叱ってもらったり、怒ってもらったりしたいという気持ちがある。性格的にマゾなのではなくて、悪いことをしたときにはきちんと叱ってくれるような立派な男性なのかどうかを、テストするためにわざと悪いことをしたりするのだ。

毅然とした振る舞いを見せてほしいのである。

ケンカをむやみに恐れる必要はない。

自分ばかりが我慢しても、どうせそんな関係は長続きしないのだから、ケンカしなければならないときには、きちんと正面からケンカしよう。もちろん、暴力に訴えたりするようなケンカは絶対にダメであることはいうまでもない。

あとがき

心理学という学問ほど、私たちの日常生活に密着していて、有用な学問はない。これは間違いなく断言できる。世の中には、非常に多くの学問が存在する。それはそれで知的好奇心を刺激するものであるとはいえ、私たちの人生にはあまり関わってこない。

ところが心理学という学問は、他ならぬ自分自身の魅力を高めたり、他ならぬ自分自身の人付き合いを楽しいものにし、他ならぬ自分自身の仕事や家庭を円満なものにするのに役に立つ。

心理学という学問を学ぶことには、ものすごく大きな意味があるし、自分で実践することにはさらにもっと大きな意味がある。「こんなに素晴らしい学問があっていいのか！」と私は思っているし、大学生のときに心理学に出会い、心理学を学び始めて20年以上も経った今も、新しい論文を読むたびに感動すら覚えている。これは誇張していっているのではなく、本当の話である。

この感動を読者のみなさまにも、ぜひ同じように感じていただきたいと思って、本書を執筆した。紙面の関係もあって、心理学の、ごくごく一部の領域だけしかご紹介できなかったのは残念ではあるものの、心理学という学問の魅力を感じていただければ幸いだ。

さて、本書の執筆にあたっては方丈社の第一編集部編集長の西田薫さんにお世話になった。この場を借りてお礼を申し上げたい。

「できるだけわかりやすく、だれでもなるほど、と思わずヒザを叩いてしまうような心理学の本を書いてください！」という西田さんのご要望にお応えできたのかどうかは、はなはだ自信がないけれども、私なりに丁寧に執筆したつもりである。

アカデミックな心理学の論文を読もうとすると、αやβといった統計学の記号やら、数式などがいくらでも出てきて、一般の人にはとてもなじみにくい。実験計画法の一通りの知識がなければ、どんな実験をしていて、どんな分析結果が得られたのかさえ、さっぱりわからないと思う。

そこで本書では、できるだけシンプルな実験を選んでご紹介してきた。その意味では、わかりやすく心理学の魅力をお伝えできたのではないかと思う。

最後に、読者のみなさまにも、お礼を申し上げたい。

最後までお読みくださって、心より感謝している。本当なら、読者の一人一人の手を取って、「本当にありがとうございました！」と何度でもお礼を申し上げたいほどである。

また、本書をお読みくださり、「次は、こういう本を読みたいです」というご要望があれば、ぜひ方丈社編集部にまでお手紙をいただきたい。私は、いただいたお手紙は本気で読みます。またどこかでお目にかかりましょう。

内藤誼人

Bellis, M. A., & Baker, R. 1991 Do females promote sperm competition? Data for humans. Animal Behaviour, 40, 997-999.

Brainerd, C. J., Reyna, V. F., & Brandse, E. 1995 Are children's false memories more persistent than their true memories. Psychological Science, 6, 359-364.

Carney, D. R., Cuddy, A. J. C., & Yap, A. J. 2010 Power posing: Brief nonverbal displays affect neuroendocrine levels and risk tolerance. Psychological Science, 21, 1363-1368.

Dahl, D. W., Sengupta, J., & Vohs, K. D. 2009 Sex in advertising: Gender differences and the role of relationship commitment. Journal of Consumer Research, 36, 215-231.

Delinsky, S. S. 2005 Cosmetic surgery: A common and accepted form of self-improvement. Journal of Applied Social Psychology, 35, 2012-2028.

Drews, D. R., Allison, C. K., & Probst, J. R. 2000 Behavioral and self-concept differences in tattooed and nontattooed college students. Psychological Reports, 86, 475-481.

Driscoll, R., Davis, K. E., & Lipetz, M. E. 1972 Parental interference and romantic love: The Romeo and Juliet effect. Journal of Personality and Social Psychology, 24, 1-10.

Eidelman, S., & Biernat, M. 2003 Derogating black sheep: Individual or group protection? Journal of Experimental Social Psychology, 39, 602-609.

Elliot, A., Kayser, D. N., Greitemeyer, T., Lichtenfeld, S., Gramzow, R. H., Maier, M. A., & Liu, H. 2010 Red, rank, and romance in women viewing men. Journal of Experimental Psychology: General, 139, 399-417.

Fast, L. A., Lewis, J. L., Bryant, M. J., Bocial, K. A., Cardull, R. A., Rettig, M., & Hammond, K. A. 2010 Does math self-efficacy mediate the effect of the perceived classroom environment on standardized math test performance? Journal of Educational Psychology, 102, 729-740.

Feinberg, M., Willer, R., Stellar, J., & Keltner, D. 2012 The virtues of gossip: Reputational informational sharing as prosocial behavior. Journal of Personality and Social Psychology, 102, 1015-1030.

Felmlee, D. H. 2001 From appealing to appalling: Disenchantment with a romantic partner. Sociological Perspectives, 44, 263-280.

Finkenauer, C., & Hazam, H. 2000 Disclosure and secrecy in marriage: Do both contribute to marital satisfaction? Journal of Social Personal Relationships, 17, 245-263.

Forgas, J. P., Lahan, S. M., & Vargas, P. T. 2005 Mood effects on eyewitness memory: Affective influences on susceptibility to misinformation. Journal of Experimental Social Psychology, 41, 574-588.

Friedman, R., & Elliot, A. J. 2008 The effect of arm crossing on persistence and performance. European Journal of Social Psychology, 38, 449-461.

Furnham, A., & Schofield, S. 1987 Accepting personality test feedback: A review of the Barnum effect. Current Psychological Research, 6, 162-178.

Gerend, M. A., & Sias, T. 2009 Message framing and color priming: How subtle threat cues affect persuasion. Journal of Experimental Social Psychology, 45, 999-1002.

Gray, S. W. 1990 Effect of visuomotor rehearsal with videotaped modeling on racquetball performance of beginning players. Perceptual and Motor Skills, 70, 379-385.

Greenwald, A. G., Spangenberg, E. R., Pratkanis, A. R., & Eskenazi, J. 1991 Double-blind tests of subliminal self-help audiotapes. Psychological Science, 2, 119-122.

Gueguen, N. 2012 "Say it...hear the flower shop": Further evidence of the effect of flowers on mating. Journal of Social Psychology, 152, 529-532.

Gueguen, N., Helene, L. G., & Jacob, C. 2004 Sound level of background music and alcohol

consumption: An empirical evaluation. Perceptual and Motor Skills, 99, 34-38.
Gueguen, N., & Jacob, C. 2005 Odd versus even prices and consumers' behavior. Psychological Reports, 96, 1121-1122.
Gueguen, N., Jacob, L., & Lamy, L. 2010 Love is in the air: Effects of songs with romantic lyrics on compliance with a courtship request. Psychology of Music, 38, 303-307.
Golightly, C., Huffman, D. M., & Byrne, D. 1972 Liking and loaning. Journal of Applied Psychology, 56, 521-523.
Gottman, J. M. 1994 What predicts divorce? The relationship between marital processes and marital outcomes. Hillsdale, NJ: Laurence Erlbaum.
Grant, A. M., & Gino, F. 2010 A little thanks goes a long way: Explaining why gratitude expressions motivate prosocial behavior. Journal of Personality and Social Psychology, 98, 946-955.
Henagan, S. C., & Bedeian, A. G. 2009 The perils of success in the workplace: Comparison target responses to coworkers' upward comparison threat. Journal of Applied Social Psychology, 39, 2438-2468.
Hankins, N. E., Mckinnie, W. T., & Bailey, R. C. 1979 Effects of height, physique, and cranial hair on job-related attributes. Psychological Reports, 45, 853-854.
Hendrickson, B., & Goei, R. 2009 Reciprocity and dating: Explaining the effects of favor and status on compliance with a date request. Communication Research, 36, 585-608.
Hsee, C. K., & Ruan, B. 2016 The Pandora effect: The power and peril of curiosity. Psychological Science, 27, 659-666.
Hubbard, A. S. E., Tsuji, A. A., Williams, C., & Seatriz, V. Jr. 2003 Effects of touch on gratuities received in same-gender and cross-gender dyads. Journal of Applies Social Psychology, 33, 2427-2438.
Kerr, S. 1975 On the folly of rewarding A, while hoping for B. Academy of Management Journal, 18, 769-783.
Konter, A., & Vollebergh, W. 1997 Gift giving and the emotional significance of family and friends. Journal of Marriage and the Family, 59, 747-757.
Latour, M. S., Snipes, R. L., & Bliss, S. J. 1996 Don't be afraid to use fear appeals: An experimental study. Journal of Advertising Research, March, 59-67.
Levitt, M. J., Silver, M. E., & Franco, N. 1996 Troublesome relationships: A part of human experience. Journal of Social Personal Relationships, 13, 523-536.
Li, W., Moallem, I., Paller, K. A., & Gottfried, J. A. 2007 Subliminal smells can guide social preferences. Psychological Science, 18, 1044-1049.
Lindberg, M. A. 2002 The role of suggestions and personality characteristics in producing illness reports and desire, for suing the responsible party. Journal of Psychology, 136, 125-140.
Lucas, M., Koff, E., Grossmith, S., & Migliorini, R. 2011 Sexual orientation and shifts in preferences for a partners' body attributes in short-term versus long-term mating contexts. Psychological Reports, 108, 699-710.
Mathes, E. W., & Kempher, S. B. 1976 Clothing as a nonverbal communicator of sexual attitudes and behavior. Perceptual and Motor Skills, 43, 495-498.
Meineri, S., & Gueguen, N. 2011 "I hope I'm not disturbing you, am I?" Another operationalization of the foot-in-the mouth paradigm. Journal of Applied Social Psychology, 41, 965-975.
Miles, L., & Johnston, L. 2007 Detecting happiness: Perceiver sensitivity to enjoyment and non-enjoyment smiles. Journal of Nonverbal Behavior, 31, 259-275.

Neal, A. M., & Lemay, E. P. Jr. 2014 How partners' temptation leads to their heightened commitment: The interpersonal regulation of infidelity threats. Journal of Social Personal Relationships, 31, 938-957.
North, A. C., Hargreaves, D. J., & Mckendrick, J. 2000 The effects of music on atmosphere in a bank and a bar. Journal of Applied Social Psychology, 30, 1504-1522.
Parker, J. G., & Asher, S. R. 1993 Friendship and friendship quality in middle childhood: Links with peer group acceptance and feelings of loneliness and social dissatisfaction. Developmental Psychology, 29, 611-621.
Pelham, B. W., Mirenberg, M. C., & Jones, J. T. 2002 Why Susie sells seachells by the seashore: Implicit egotism and major life decisions. Journal of Personality and Social Psychology, 82, 469-487.
Profusek, P. J., & Rainey, D. W. 1987 Effects of Baker-Miller pink and red on state anxiety, grip strength, and motor precision. Perceptual and Motor Skills, 65, 941-942.
Rhodes, G. 2006 The evolutionary psychology of facial beauty. Annual Review of Psychology, 57, 199-226.
Sagioglou, C., & Greitemeyer, T. 2014 Bitter taste causes hostility. Personality and Social Psychology Bulletin, 40, 1589-1597.
Sanford, K. 2014 A latent change score model of conflict resolution in couples: Are negative behaviors bad, benign, or beneficial? Journal of Social Personal Relationships, 31, 1068-1088.
Schubert, T. W., & Koole, S. L. 2009 The embodied self: Making a fist enhances men's power-related self-conceptions. Journal of Experimental Social Psychology, 45, 828-834.
Seiter, J. S., & Dutson, E. 2007 The effect of compliments on tipping behavior in hairstyling salons. Journal of Applied Social Psychology, 37, 1999-2007.
Shiv, B., Carmon, Z., & Ariely, D. 2005 Placebo effects of marketing actions: Consumers may get what they pay for. Journal of Marketing Research, 42, 383-393.
Spangenberg, E. R., Crowley, A. E.& Henderson, P. W. 1996 Improving the store environment: Do olfactory cues affect evaluations and behaviors? Journal of Marketing, 60, 67-80.
Tice, D. M. 1992 Self-concept change and self-presentations: The looking glass self is also a magnifying glass. Journal of Personality and Social Psychology, 63, 435-451.
Tierney, P., & Farmer, S. M. 2004 The Pygmalion process and employee creativity. Journal of Management, 30, 413-432.
Tom, G., Ramil, E., Zapanta, I., Demir, K., & Lopez, S. 2006 The role of overt head movement and attention in persuasion. Journal of Psychology, 140, 247-253.
Vrugt, A. 2007 Effects of a smile reciprocation and compliance with a request. Psychological Reports, 101, 1196-1202.
Williams, L. E., & Bargh, J. A. 2008 Experiencing physical warmth promotes interpersonal warmth. Science, 322(5901), 606-7.
Wing, R. R., Papandonatos, G., Fava, J. L., Gorin, A. A., Phelan, S., McCaffery, J., & Tate, D. F. 2008 Maintaining large weight losses: The role of behavioral and psychological factors. Journal of Consulting and Clinical Psychology, 76, 1015-1021.
Wolff, H. G., & Moser, K. 2009 Effects of networking on career success: A longitudinal study. Journal of Applied Psychology, 94, 196-206.
Zaragoza, M. S., & Mitchell, K. J. 1996 Repeated exposure to suggestion and the creation of false memories. Psychological Science, 7, 294-300.

［著者プロフィール］

内藤誼人　ないとう よしひと

心理学者。立正大学客員教授。アンギルド代表。慶應義塾大学社会学研究科博士課程修了。欧米流の社会心理学と臨床心理学をもとにした、ビジネス心理学の第一人者。人材育成や販売促進などのコンサルティングも行っている。ブラック心理術ブームの先駆けである『「人たらし」のブラック心理術』（大和書房）は大ベストセラーとなる。『なぜ、マツコ・デラックスは言いたい放題でも人に好かれるのか？』（廣済堂出版）、『自分の中から「めんどくさい」心に出ていってもらう本』（青春出版社）など著書多数。

思いのままに人を操《あやつ》るブラック心理術《しんりじゅつ》

2016年12月29日　第1版第1刷発行

著　　者　内藤誼人《ないとうよしひと》

発 行 人　宮下研一

発 行 所　株式会社方丈社
〒101-0051
東京都千代田区神田神保町1-32　星野ビル2F
Tel.03-3518-2272／Fax.03-3518-2273
http://www.hojosha.co.jp/

装丁デザイン　ランドフィッシュ

印 刷 所　中央精版印刷株式会社

ISBN978-4-908925-06-1